Michael Jagersbacher

Sympathie-Code

Michael Jagersbacher

SYMPATHIE-CODE

Wie Sie andere für sich gewinnen

Bildrechte Autorenfoto: miriamprimik.com/–/Michael Jagersbacher
Bildrechte Umschlag: © JiSign – fotolia.com

Alle Rechte, insbesondere das Recht der Vervielfältigung und Verbreitung sowie der Übersetzung, vorbehalten. Kein Teil des Werks darf in irgendeiner Form (durch Fotokopie, Mikrofilm oder ein anderes Verfahren) ohne schriftliche Genehmigung des Verlags reproduziert werden oder unter Verwendung elektronischer Systeme gespeichert, verarbeitet, vervielfältigt oder verbreitet werden.

Der Autor und der Verlag haben dieses Werk mit höchster Sorgfalt erstellt. Dennoch ist eine Haftung des Verlags oder des Autors ausgeschlossen. Die im Buch wiedergegebenen Aussagen spiegeln die Meinung des Autors wider und müssen nicht zwingend mit den Ansichten des Verlags übereinstimmen.

Der Verlag und sein Autor sind für Reaktionen, Hinweise oder Meinungen dankbar. Bitte wenden Sie sich diesbezüglich an verlag@goldegg-verlag.com.

Der Goldegg Verlag achtet bei seinen Büchern und Magazinen auf nachhaltiges Produzieren. Goldegg Bücher sind umweltfreundlich produziert und orientieren sich in Materialien, Herstellungsorten, Arbeitsbedingungen und Produktionsformen an den Bedürfnissen von Gesellschaft und Umwelt.

Gedruckt nach der Richtlinie des Österreichischen Umweltzeichens „Druckerzeugnisse", Druckerei Theiss GmbH, Nr. 869

MIX
Papier aus verantwortungsvollen Quellen
FSC® C012536

ISBN: 978-3-902991-52-2
ISBN E-Book: 978-3-902991-53-9

© 2015 Goldegg Verlag GmbH
Friedrichstraße 191 • D-10117 Berlin
Telefon: +49 800 505 43 76-0

Goldegg Verlag GmbH, Österreich
Mommsengasse 4/2 • A-1040 Wien
Telefon: +43 1 505 43 76-0

E-Mail: office@goldegg-verlag.com
www.goldegg-verlag.com

Layout, Satz und Herstellung: Goldegg Verlag GmbH, Wien
Druck und Bindung: Theiss GmbH

Geleitwort von Ilja Grzeskowitz

Ich werde den Tag wahrscheinlich niemals vergessen, an dem ich Michael Jagersbacher kennenlernte. Es war ein heißer Freitagnachmittag im Mai, und ich landete gerade am Flughafen in Graz, um am nächsten Tag ein Veränderungs-Seminar auf einem atemberaubenden Schloss in der Steiermark zu geben, welches der Autor dieses Buches für mich organisiert hatte. Gemeinsam mit seiner Frau und seinem kleinen Sohn holte er mich zur vereinbarten Zeit am Gate ab, wir schüttelten uns geschäftsmäßig die Hände und dann machten wir uns ohne großes Kommunikationsgeplänkel auf den Weg zum Veranstaltungsort. Für mich war dies eine Szene, wie ich sie in meinem Alltag als Vortragsredner und Motivationstrainer fast täglich erlebe. Man lernt einen Geschäftspartner kennen, wickelt zusammen ein Projekt ab und dann geht jeder wieder seiner Wege.

Doch an diesem Tag sollte es anders kommen. Denn nur knapp zwei Stunden später saßen wir bei einem kühlen Bier auf der Schlossterrasse des Seminarhotels, blickten in die gerade untergehende Sonne, und ich hatte das Gefühl, dass ich diesen Mann schon mein halbes Leben kennen würde. Aus dem Herrn Jagersbacher wurde schnell Mike, aus der geschäftsmäßigen Kommunikation ein herzliches Miteinander und aus der professionellen Kundenbeziehung eine Freundschaft, die bis heute anhält. Solche Momente faszinieren mich. Sie zeigen, wie wichtig die Fähigkeit ist, andere Menschen für sich zu gewinnen. Wie entscheidend es ist, sein Umfeld mit dem Stempel der eigenen Persönlichkeit zu prägen.

Aber haben Sie sich jemals gefragt, woran es liegt, dass uns manche Menschen auf Anhieb sympathisch sind, während wir zu anderen einfach keinen guten Draht aufbauen können? Michael Jagersbacher hat diesen *Sympathie-Code* für Sie geknackt und führt Sie Schritt für Schritt durch den

Prozess, mit dem Sie andere für sich gewinnen. Schon früh wird dabei klar, dass es keinesfalls um Perfektion, besondere Talente oder gar irgendwelche Geheimrezepte geht. Im Gegenteil, mit vielen persönlichen Geschichten und einprägsamen Anekdoten ermutigt der Autor von Beginn an, die eigenen Schwächen zu akzeptieren und sie zu Stärken zu machen. Denn sind es nicht die kleinen menschlichen Eigenheiten, der vermeintliche Makel und die liebenswerten Besonderheiten, die uns viel mehr beeindrucken als Glattheit, Stromlinienförmigkeit und vermeintliche Unfehlbarkeit? Wir leben in einer Zeit, in der die Qualität Ihrer Beziehungen zu anderen Menschen über Erfolg und Misserfolg bestimmt. Sobald Sie in der Lage sind, Ihre Mitarbeiter, Kunden und Freunde für sich zu gewinnen, werden sich Ihnen vollkommen neue Türen öffnen. Je mehr Ihre Beziehungen zu anderen Menschen gefestigt sind, desto bunter, intensiver und erfolgreicher wird Ihr Leben werden. Und zwar in allen Bereichen. Dabei geht es nicht darum, möglichst von allen gemocht zu werden oder eine mehr oder weniger schlecht sitzende Maske aufzusetzen. Stattdessen dreht sich der *Sympathie-Code* von vorne bis hinten um den Weg zur besten Version von sich selbst. Dieser Weg ist nicht immer einfach. Der Wandel wird schneller, die gesellschaftlichen Zwänge nehmen zu und manchmal haben wir das Gefühl, von den Erwartungen unseres Umfelds einfach erschlagen zu werden. Aber wenn Sie sich erst einmal entschieden haben, den *Sympathie-Code* zu knacken, dann wird die vor Ihnen liegende Reise jede Mühe wert sein. Sie werden Menschen für sich begeistern, die richtige Motivation zur Veränderung wecken und einen enormen Zuwachs an Lebensqualität verspüren.

Ich könnte mir für diesen Weg keinen besseren Reiseleiter vorstellen als Michael Jagersbacher. So wie er mich auf der Schlossterrasse im persönlichen Gespräch für sich gewonnen hat, so hat er mich mit jedem einzelnen Satz dieses Buches begeistert. Weil er nur über Dinge schreibt, die er auch selbst lebt. Weil die Inhalte der einzelnen Kapitel nicht bloß hohle Phrasen und leere Theorie sind, sondern das Ergebnis eines spannenden Lebens und der daraus resultierenden Erfahrungen.

Ich wünsche Ihnen viel Freude beim Lesen dieses Buches.

Herzlichst

Ilja Grzeskowitz

Autor von „Attitüde" & „Die Veränderungs-Formel",
Veränderungs-Coach und Keynote Speaker
www.grzeskowitz.com

Inhaltsverzeichnis

Geleitwort von Ilja Grzeskowitz.................... 5

Vorspiel.. 11

Wann das Buch seine Wirkung entfaltet........ 19
Zu Risiken und Nebenwirkungen fragen Sie den Autor des Buches.. 19
Sympathie als ewiger Begleiter – oder eben nicht.......... 24

Der Sympathie-Code – Wie Schwächen erfolgreich machen... 33
Blamier dich täglich – Die Macht des Makels.......... 33
Unperfekte Perfektion.................................... 39
Die Macht der Emotionen............................... 49
Die Macht des Makels.................................... 77
Königsdisziplin Selbstironie............................ 87
Kommunizieren auf Schulterhöhe – Der wahrgenommene soziale Status entscheidet.......... 134
Rundum sympathisch – Wie Sie andere für sich gewinnen... 156
Workbook – auf dem Weg zu sich selbst.......... 176

Zum Ausklang.. 197
Was ich mit meinem Buch nicht sagen will........ 197
Nachspiel.. 201
Danke – meine Verneigung............................ 205

Anhang... 209
Quellen- und Literaturverzeichnis................... 209

Vorspiel

*Vieles erfahren haben heißt noch
nicht Erfahrung besitzen.*
MARIE FREIFRAU VON EBNER-ESCHENBACH

Es ist heiß. Wir erleben einen Rekordsommer, der seinesgleichen sucht. Ich schwitze in meinem Markenanzug, obwohl ich keine Krawatte trage. Doch nicht wegen der Hitze im Raum. Nein, der ist sehr gut klimatisiert. Ich schwitze wegen meiner Nervosität. Mein Mund ist mehr als trocken und meine Bauchatmung befindet sich in meiner Halsgegend. Mein Körper lechzt nach Flucht. Ich fühle mich einfach nicht wohl. Das schlägt sich natürlich auf die Qualität meines Vortrags durch. Ich bin eher mit meinem Körper als mit den thematischen Inhalten meiner Präsentation beschäftigt.

Ich stehe vor der Führungsetage einer bekannten Firma und präsentiere mein Konzept für eine neuartige Mitarbeiterschulung im Bereich Verkauf und Körpersprache. Es geht für mich um viel Geld und Prestige. Ich weise auf den Nutzen meines Engagements für das Unternehmen hin. Preislich gestalte ich die Schulung mehr als wettbewerbsfähig, doch leider ohne Erfolg. Den Zuschlag bekommt ein anderer Trainer. Die Enttäuschung ist groß. Man kann sogar sagen, ich war am Boden zerstört. Vielleicht kennen Sie Situationen wie diese aus Ihrem eigenen Leben? Man will mit niemandem Kontakt und schottet sich ab. Schließlich waren wochenlange Vorbereitungen für nichts und wieder nichts.

An Situationen wie diesen können Menschen durchaus zerbrechen. Doch ich nutzte die negative Energie, um aus meiner kapitalen Niederlage zu lernen. Wofür kann sie eine Möglichkeit sein? Wo muss ich mich verbessern, um das nächste Mal nicht zu scheitern?

In den darauffolgenden Wochen und Monaten setzte ich mich intensiv mit den Gründen meines Versagens auseinander. Ich holte mir Feedback bei der Firma. Ich stellte die Szene nach. Sie erschien mir geistig immer und immer wieder. War ich fachlich nicht gut genug? Hatte ich den Nutzen für das Unternehmen nicht ausreichend herausgestellt? Hatte die Führungsebene meine Darbietung einfach nicht verstanden?

Dann fiel es mir wie Schuppen von den Augen: Nicht die anderen waren schuld! Nicht mein Anzug oder der Sitz meiner Haare. Mein Auftreten war der Knackpunkt gewesen: Ich hatte keine emotionale Nähe zu meinem Publikum hergestellt. Darauf achtete ich bei meinen damaligen Präsentationen und Kundenterminen leider ganz und gar nicht. Zu sehr war ich auf andere Elemente wie Inhalte, Preisgestaltung und Ähnliches fokussiert. Es war die fehlende emotionale Nähe, welche mich den Auftrag gekostet hatte, und nichts anderes. Dieses Fehlen hatte eine Stimmung der Ablehnung geschaffen. Diese Ablehnung war der Grund für mein Unwohlsein. Da die Chemie zwischen mir und meinem Publikum nicht gestimmt hatte, schaukelten sich die negativen Elemente hoch. Dass mein Angebot abgelehnt worden war, war die Folge einer Kette von Fehlern in der Sympathieherstellung.

Dies zu erkennen tat weh. Ich und nicht sympathisch? Das saß. Fortan beschäftigte ich mich täglich mit den Elementen meines Auftretens, welche mich sympathisch erscheinen lassen und welche nicht. Ich untersuchte verschiedene Situationen, probierte selbst viele Techniken und Strategien aus. Darüber hinaus beobachtete ich beliebte Menschen. Wie ziehen diese ihr Gegenüber in ihren Bann? Lernen am Modell, kann ich wohl dazu sagen. Besonders faszinierend fand ich, wie Menschen emotionale Nähe unter schwierigsten Voraussetzungen aufbauen. Wenn einfach alles gegen einen spricht und es manchen gelingt, dennoch Sympathien herzustellen. Wichtig ist dabei die Frage, ob jeder lernen kann, beliebt zu sein. Ich denke ja. Doch es ist viel Arbeit und ein weiter Weg. Für einige ist es ein weiterer Weg als für andere. Lassen Sie sich bitte nicht davon abschrecken. Vielleicht finden Sie ja Gefallen daran, anderen zu gefallen ...

Die Ergebnisse meiner Suche finden Sie in diesem Buch. Bei meinen Recherchen versuchte ich herauszufinden, was Menschen sympathisch an anderen Menschen finden. In meinen Trainings fragte ich, was meine Teilnehmerinnen und Teilnehmer an anderen sympathisch finden. Ich war äußerst überrascht darüber, dass ich kaum wirklich verwertbare Antworten erhielt. Meine Fragekette war meistens folgender Natur: „Finden Sie andere Menschen sympathisch?" Antwort: „Ja." „Was finden Sie bei anderen Menschen sympathisch?" Antwort: „Ihre Ausstrahlung." „Welches Element der Ausstrahlung macht sympathisch?" Antwort: „Keine Ahnung." Ein Lächeln? Ihre offene Körperhaltung? Das ist meistens ein Gefühl, welches nicht weiter beschreibbar/zerlegbar ist.

So in etwa liefen 95 Prozent der Gespräche über Sympathie. Es ist wirklich überraschend, wie wenig wir über dieses Phänomen der emotionalen Nähe wissen. Wir erkennen es lediglich, wenn es in einer Kommunikationssituation auftritt. Wir sind umgeben von Sympathieträgern. Und solchen, die es eben nicht sind. Sei es in den Medien, im privaten oder im beruflichen Umfeld. Doch wir wissen nicht genau, warum Menschen uns sympathisch erscheinen. Manche haben eben dieses gewisse Etwas und andere nicht. Bei den einen wird uns spontan warm ums Herz und bei anderen bleiben wir kühl. Doch mit einem Gefühl allein, welches nicht weiter zerlegbar ist, möchte ich mich nicht zufriedengeben. Dieses implizite Wissen reicht nicht aus, wenn ich beim Gegenüber Sympathie bewusst hervorrufen will. Dafür müssen wir uns mit den Mechanismen von und den Gründen für Sympathie auseinandersetzen, sofern es überhaupt welche gibt.

Ich denke sehr wohl, dass Sympathieherstellung erlernbar ist. Manche Menschen haben einen natürlicheren und direkteren Zugang zu diesem Thema. Andere brauchen Modelle dazu und müssen explizit daran arbeiten. Dann gibt es noch eine Gruppe, welche nichts von emotionaler Nähe hält. Sie konzentriert sich eben auf andere Aspekte im Umgang mit Menschen. Alle drei Gruppen haben ihre Daseinsberechtigung. Das vorliegende Buch habe ich vor allem für die ersten beiden geschrieben, welche Sympathie als wichtigen Faktor für ihren persönlichen Erfolg ansehen.

Ich will jedoch nicht als Missionar auftreten, der Sympathie über alles stellt und der sagt, dass wir jedem zu jeder Zeit sympathisch erscheinen sollen. Emotionale Nähe bringt uns nicht in jeder Situation weiter. Diejenigen Leserinnen und Leser unter Ihnen, die bereits ein Haus gebaut haben, werden wissen, worüber ich schreibe. Zuerst versuchen wir, beherrscht und freundlich aufzutreten, wenn etwas schiefgeht. Wer wurde noch nie von einem Handwerker versetzt? Einmal können wir noch ein Auge zudrücken. Vielleicht ein zweites Mal. Wenn wir jedoch des Öfteren enttäuscht werden, müssen wir andere Saiten aufziehen. In meinem konkreten Fall fehlten noch die gesamten Wasserarmaturen im Haus, welche wir bei einer Firma in Berlin bestellt hatten. Diese war bereits seit einem Monat im Lieferverzug. Nach gefühlten vierzig Gesprächen in zwei

Wochen war meine sympathische und auf Nähe ausgerichtete Kommunikationsstrategie am Ende. Ich war ganz einfach nicht mehr auf Harmonie und Nettigkeit aus. Vor allem, weil wir unbedingt innerhalb einer Woche siedeln mussten. Ich gab Gas und machte Druck, um mein Ziel zu erreichen. Dieser Fall kostete mich einige schlaflose Nächte. Die Armaturen kamen glücklicherweise noch rechtzeitig an. Leider stellte sich aber heraus: Es waren die falschen. Ironischerweise meldete diese Firma drei Monate später Konkurs an.

Abgrenzung ist manchmal genauso wichtig wie Verbindung oder emotionale Nähe. Denken Sie nur an Fälle von Mobbing. Für Personen, die davon betroffen sind, ist es entscheidend, dass sie Mobbingaktivitäten in einem sehr frühen Entwicklungsstadium erkennen und dann entsprechend reagieren. Mit Charme und Sympathie werden sie selten weiterkommen. Im Gegenteil: Unter Umständen werden vor allem harmoniebedürftige und sympathische Personen zu Mobbingopfern. Warum das? Es geht natürlich immer um das Chance-Risiko-Profil des Angreifers: Kommt der Angreifer mit seinen Attacken durch? Wo hat er oder sie die geringste Gegenwehr zu erwarten? Leider erwischt es vor allem Menschen, die auf Harmonie und emotionale Nähe Wert legen. Sie tun sich oftmals schwer, Nein zu sagen. Schließlich möchten sie nicht die Ablehnung des Gegenübers herausfordern. Das sind für solche Menschen einfach unangenehme Situationen. Aber mit einem allumfassenden Ja zu jeder Situation provozieren sie in naher Zukunft nur noch unangenehmere Situationen. Ich hatte in meinen verschiedenen Tätigkeiten bereits mehrmals mit Mobbingopfern zu tun und habe festgestellt, dass die oben beschriebene Persönlichkeitsstruktur die Chancen dramatisch erhöht, in die Schusslinie zu geraten. Diese Personen kommen einfach gut an und das kann Neid und Missgunst im beruflichen Umfeld provozieren. Meistens beginnt es eher mit kleinen Schikanen: eine zusätzliche Arbeit hier, ein Gefallen da. Man denkt sich nichts dabei. Später werden diese Schikanen dann unübersehbar und es ist zu diesem Zeitpunkt schwer, eine friedliche Lösung zu finden. Leider muss in den meisten Fällen das Mobbingopfer die Firma oder den Arbeitsplatz wechseln. Besser wäre es gewesen, dem Treiben in einem frühen Stadium Einhalt zu gebieten. Das Zitat „Lieber ein Ende mit Schrecken als ein Schrecken ohne Ende" passt hier sehr gut. Mit Sympathie gelangen wir unter diesen Umständen keinen Schritt weiter. Im Gegenteil. Wir signalisieren auf diese Weise sogar eine potenzielle Angriffsfläche. Nein zu sagen kostet vielleicht kurzfristig Sympathiepunkte, aber langfristig weichen wir einem Magengeschwür aus.

Entscheidend ist, dass Sie in der Lage sind, abzuwägen. Wann ist Sympathie kommunikationsstrategisch gut für Sie? Wann bringen Sie eher Distanz und Abgrenzung weiter? Auch nach sorgfältiger Lektüre des vorliegenden Buches werden Sie nicht immer die richtige Entscheidung treffen. Wichtig ist, dass Sie Grundkonstanten kennenlernen, die ein richtiges Wählen der Ausrichtung wesentlich wahrscheinlicher machen.

Wie Sie gesehen haben, ist es nicht immer die Sympathie, die Sie ans Ziel bringt. Absolute Wahrheiten und eine hundertprozentige Erfolgsgarantie gibt es einfach nicht. Zu komplex und individuell ist jede Kommunikationssituation. Was ich jedoch versprechen kann, ist, dass sich Ihre Ergebnisse mit den vorgestellten Konzepten verbessern werden.

Sympathie ist nicht immer die richtige Wahl. Meiner Meinung ist es aber wichtig, stets aus einer nach Sympathie strebenden Grundhaltung zu kommunizieren zu beginnen. Wird diese jedoch nicht erwidert oder verstanden, können wir noch immer die Vorgehensweise ändern und auf Distanz gehen.

Das vor Ihnen liegende Buch ist ein sehr persönliches Buch. Kommunikation beginnt schließlich immer beim Selbstkonzept. Allein die Auswahl meiner Beispiele ist natürlich zutiefst subjektiv eingefärbt. Alle Geschichten, über welche ich schreibe, sind tatsächlich so erlebt worden, wie ich sie schildere. Der Fokus ist nun strikt auf Sympathiegewinnung ausgerichtet.

Bei meinen persönlichen Irrungen und Wirrungen zu diesem Themenkomplex der emotionalen Verbundenheit fand ich heraus, dass ich schon immer nach Sympathie strebte. Bereits seit frühester Kindheit an. Beinahe instinktiv, ohne zu hinterfragen. Viele damals für mich unverständliche Situationen meines Lebens erklären sich nun von selbst. Verschiedene Modelle haben mich auf die richtige Fährte zu mir und meinen kommunikativen Bedürfnissen geführt. Insofern ist dieses Buch auch eine Reise zu mir selbst. Ich kann mich nun ein Stück weit besser verstehen. Ich bin der festen Überzeugung, auch Sie können gewisse Elemente in Ihrem Handeln nach dem Lesen dieses Buches besser begreifen. Darüber hinaus werden andere Menschen und ihr Verhalten für Sie ebenso leichter einschätzbar. Andere mühelos einschätzen zu können bedeutet auch, sein eigenes Verhalten besser auf sein Umfeld abzustimmen. Dazu möchte ich Ihnen, liebe Leserinnen und Leser, verhelfen.

Sehen Sie dieses Buch vor allem als eines: nämlich als Einladung, sich selbst aus einer anderen Perspektive zu betrachten – aus jener, die das Phänomen Sympathie und emotionale Verbindung ins Zentrum rückt.

Michael Jagersbacher

Wann das Buch seine Wirkung entfaltet

Man leiste nur was und lasse Wirkungen von sich ausgehen, so kommen gute Gegenwirkungen von selbst.

THEODOR STORM

Zu Risiken und Nebenwirkungen fragen Sie den Autor des Buches

Charmant wahrgenommen werden und Sympathie beim Gesprächspartner auslösen? Das hört sich doch wirklich toll an, oder? Da gibt's bestimmt einen Haken, denken Sie? Mit dieser Vermutung haben Sie natürlich absolut recht. Im Leben gibt es nichts geschenkt – was für ein dämlicher Glaubenssatz aber auch. Natürlich bekommen wir Geschenke, denken Sie nur an Geburtstage oder Weihnachten. Wenn Sie jedoch andere für sich gewinnen und Ihren Sympathiegrad erhöhen möchten, trifft der Spruch definitiv zu. Denn der Preis, den wir für Sympathie, Beliebtheit und emotionale Nähe zahlen, ist schonungslose Selbstreflexion. Darauf möchte sich natürlich nicht jeder einlassen. Das verstehe ich nur allzu gut. Auch für mich war die Beschäftigung mit mir selbst in diese konkrete Richtung alles andere als leicht. Doch es zahlt sich aus, diesen Schatten zu überspringen. Andernfalls wird das vorliegende Buch nicht seine volle Wirkung erzielen können.

Dieses Buch ist vor allem für Menschen gedacht, die meine Gedanken und Philosophien in der Praxis ausprobieren möchten. Sofern sie das Ziel haben, eine angenehme Gesprächsatmosphäre für ihr Umfeld zu schaffen und so zu besseren Ergebnissen zu kommen. Vielleicht wenden Sie selbst bereits einige der vorgestellten Strategien sehr erfolgreich in Ihrem Leben an. Dann nehmen Sie das Buch als Bestätigung Ihres eingeschlagenen Weges. Lob und Bestätigung tun ja schließlich auch gut. Der eine oder andere Impuls für das Verfeinern Ihrer eigenen Strategie wird bestimmt dabei sein. Da bin ich mir sicher.

Das vorliegende Buch ist interaktiv gehalten. Zusätzlich zum geschriebenen Wort habe ich die Links zu Videos als Beispiele und Impulsgeber hinzugefügt. Manche Bilder sagen mehr als tausend Worte. Ich habe bewusst ganz viele bekannte und somit nachvollziehbare Beispiele ausgewählt. Darunter finden sich erfolgreiche und gleichzeitig beliebte Personen des öffentlichen Interesses. Eigene Erfahrungen und Beispiele tragen ebenso zur Verdeutlichung meines Standpunktes bei. Etliche Links, welche ins World Wide Web führen, zeigen, wie andere Menschen über Selbstironie Sympathien wecken. Oder eigene Schwächen in den Vordergrund rücken, um ein angenehmes Umfeld zu kreieren. Eigens dafür generierte QR-Codes sollen den Zugang erleichtern und unterstützen. Am besten ist es, wenn Sie Ihr Smartphone griffbereit haben, um die Videos sofort anschauen zu können. Die emotionalen Impulse über dieses Vorgehen können Gold wert sein.

Gerne können Sie mit mir in Kontakt treten und mir weitere Beispiele oder Geschichten schicken. Ich beschäftige mich sehr gern mit dem Thema der Selbstironie und der Sympathiegewinnung aus möglichst vielen Blickwinkeln. Außerdem bin ich der festen Überzeugung, dass jeglicher Blickwinkel und jedes zusätzliche Beispiel Bereicherungen für uns alle darstellen. Ich freue mich auf dementsprechendes Feedback.

Nur über die Kombination von Inspiration und Praxis kann es zu nachhaltigen Veränderungen im eigenen Kommunikationsverhalten kommen – indem wir uns auf neue Verhaltensweisen einlassen und sie einfach ausprobieren. Anders geht es nicht. Es gibt leider keine Abkürzung und keine geheime Formel, wie sie andere Bücher gerne versprechen. Diese „Schleichwege" werden Sie vergeblich in diesem Buch suchen. In diesem Punkt kann ich Sie gleich mal enttäuschen. Siehe da – der Autor gibt eine Schwäche seines Buches gleich zu Beginn preis! Was es gibt, sind Pfade zu unserem Gegenüber, die wir jedoch selbst gestalten müssen. Jeder für sich auf seine eigene, unverwechselbare Weise. Leider existiert kein Patentrezept, aber ich biete Ihnen einen Rahmen, den ich für Sie begrenze. Für dessen Füllung und Gestaltung sind aber allein Sie verantwortlich. Der *Sympathie-Code* muss erst entwickelt und gefunden werden. Er ist in Ihrem Leben und in Ihren Erfahrungen verwurzelt. Wir machen uns lediglich auf die Suche nach ihm.

Harte Arbeit am eigenen Selbst lautet die Devise. Der Weg kann mühsam und steinig werden. Die vorgeschlagenen Pfade in diesem Buch sind das Ergebnis von langjähriger Trainertätigkeit. Hinzu kommen zweieinhalb Jahre im Vertrieb. Ich habe die verschiedensten Kommunikationstechniken in diesen Jahren ausprobiert.

Mal mit mehr Erfolg, mal mit weniger. Das Arbeiten mit Schwächen und Misserfolgen erscheint mir der geeignetste Weg zu sein, die Kluft zum Kommunikationspartner zu überwinden. Vielleicht auch die Kluft zu sich selbst, doch später mehr dazu.

Ihr Durchhaltevermögen wird fürstlich belohnt werden. Diese Belohnung führt im besten Fall zu einem gefestigteren Selbstbild. Wenn Sie selbst über Ihre Misserfolge und Schwächen lachen können, wer soll Sie dann noch stoppen? Wenn Sie Negativaspekte strategisch nützen, verlieren diese ihr Einschüchterungspotenzial.

Um die Latte dennoch nicht zu hoch zu hängen, entlaste ich mich gleich mal: Schlussendlich biete ich nicht mehr – aber auch nicht weniger – als meinen speziellen Blick auf dieses Thema an. Ich lade zu einem eigenen Blick und einer eigenen Meinung ein. Da sind wir wieder bei der Selbstreflexion. Ja, ja, ich wiederhole mich, aber um diese kommen wir wohl wirklich nicht herum.

Selbstreflexion ist anstrengend und gegebenenfalls aufwühlend. Somit nichts für schwache Nerven. Dennoch Voraussetzung Nummer eins, um erfolgreich zu sein. Diesen Satz haben Sie sicher schon des Öfteren gehört. Wir schauen mal dorthin, wo es so richtig wehtut. Wir blicken auf Ihre Achillesferse. Doch anders als bei Achill wird uns die Ferse nicht zu Fall bringen. Im Gegenteil. Sie wird uns – im Idealfall – in lichte Höhen des kommunikativen Erfolgs führen. Was immer auch das im konkreten Fall heißen wird. Wie gesagt, die Anwendungsgebiete sind unbegrenzt.

Wir werfen keinen Blick auf die Schokoladenseiten im Leben. Das kann jeder. Das ist keine hohe Kunst. Ich habe für mein Leben beschlossen, keine ausgetretenen Pfade zu gehen und den Status quo stets kritisch zu hinterfragen. Das mache ich jedoch nicht, um aufzufallen. Ich schaue mir an, ob nicht auch andere Wege gangbar sind. Denn viele davon führen bekanntlich nach Rom. Vielleicht gibt es einen kürzeren. Und wenn er nicht kürzer ist, ist er vielleicht schöner. Das macht mich nicht unbedingt zum leicht zu führenden Mitarbeiter. Das macht mich auch nicht immer zum angenehmen Gesprächspartner. Ich mag es, Leistung zu bringen. Ich mag es, außerordentliche Leistung zu bringen. Dazu stehe ich. Nicht überall ist diese Ansicht beliebt. Ich möchte mehr als pure Mittelmäßigkeit leisten. Für puren Durchschnitt ist unsere Zeit zu wertvoll. Meinen Sie nicht auch? Wirtschaftscoach Gabriel Schandl bringt diesen Umstand in seinem Buch „Das Beste geben" mit seinem Begriff Leistungsglück sehr gut auf den Punkt. Besonderes Glück durch Leistung lautet sein Motto. Dem Wunsch folgend, seine Zeit bestmöglich zu nutzen. Wir können nur erahnen, was passieren würde, wenn wir alle 100 Prozent geben würden. Egal, in welchem Bereich.

Das hört sich nun so an, als wäre ich ein von Leistung und Anerkennung Getriebener. Natürlich bin ich auch gerne mal faul. Vielleicht sogar öfter, als mir und meinem Umfeld lieb ist. Das gebe ich zu. Hin und wieder mache ich mir einen richtigen Lenz. Diese Ruhephasen gehören zu unserem Leben. Es ist wie bei einem Muskel. Einmal entspannen, um anspannen zu können. Dauerhafte Anspannung führt zur Überlastung. Dauernde Unterforderung führt zum Abbau des Muskels. Die Abwechslung und die Intensität machen den erfolgreichen Unterschied aus.

Um anderes leisten zu können als der Durchschnitt, ist es wichtig, sich mit anderen Themen zu beschäftigen. Fragen Sie bitte in Ihrem Umfeld, wer sich schon ganz bewusst mit seinen Schwächen und Makeln auseinandergesetzt hat, mit dem Ziel, sympathischer zu werden. Sie werden nicht viele finden.

Wir schauen uns ganz bewusst Ihre Makel, Fehler, Missgeschicke und Lücken im Lebenslauf an. Wir werden aus diesen ein Konzept entwickeln, welches viele Vorteile für Sie bereithält. Fehler sollen erlaubt sein und müssen auch sein für die persönliche Weiterentwicklung. Warum? Darauf gehe ich gleich ausführlich ein. No risk, no fun.

Mit der konsequenten Umsetzung dieser Lebenseinstellung gelingt es mir nun wesentlich besser, Beziehungen zu meinem Umfeld bewusster zu gestalten. Egal, ob es sich um eine Präsentation, ein Verkaufsgespräch oder ein privates Gespräch handelt. Wenn ich heute eine Präsentation halte, achte ich darauf, dass mein Gegenüber eine gute, unterhaltsame Zeit mit mir verbringt. Der Ausgangspunkt dafür bin ich und meine Einstellung zu mir selbst.

Sympathie als ewiger Begleiter – oder eben nicht

Bereits seit Jahrzehnten widme ich mich – unbewusst – dem grundlegenden Thema des Buchs. Ich bin zum Zeitpunkt des Schreibens 33 Jahre alt, doch bereits von frühester Kindheit an wollte ich sympathisch auf andere Menschen wirken. Wer will das eigentlich nicht? Sind wir nicht alle von Grund auf soziale Wesen? In der Forschung wurde kürzlich das kooperative Gen unter die Lupe genommen. Der Mensch scheint glücklicherweise doch kein Wolf zu sein, der sein Leben auf eigene Faust, vielleicht sogar auf Kosten anderer, gestaltet. Anhand etlicher Glücksstudien kommen Ute Scheub und Annette Jensen in ihrem Buch „Glücksökonomie" zu einem glasklaren Urteil diesbezüglich: „Man könnte das Ergebnis unzähliger Glücksstudien so zusammenfassen: Wer sein Glück allein oder gar in Konkurrenz zu anderen zu maximieren versucht, verfehlt es; wer hingegen seine Lebenspriorität darauf legt, sich selbst nicht so zu beachten und andere glücklich zu machen, wird dabei selbst glücklich." Natürlich gibt es auch Wölfe unter uns, doch sie scheinen in der Unterzahl. In kooperativen Akten sind für alle Beteiligten bessere Ergebnisse zu erzielen, als sich als einsamer Wolf zum Affen zu machen. Auf uns allein gestellt, wird alles schwieriger als mit der Hilfe von anderen. Soziale Kontakte tun uns einfach gut. Diese Kontakte können wir besser aufbauen und aufrechterhalten, wenn wir sympathisch wirken. Das ist doch ziemlich einleuchtend. Darüber müsste man nun wirklich nicht noch ein Buch schreiben. Und dennoch habe ich es gewagt. Denn die Wege zur Beliebtheit sind mannigfaltig. Ich beleuchte vor allem einen äußerst speziellen. Und weil er so speziell ist, ist er auch erfolgreich. Dazu später mehr.

Bereits mit fünf Jahren lernte ich im elterlichen Betrieb an der wunderschönen südsteirischen Weinstraße, dass Sympathie ein Extra an Trinkgeld bringen kann. Ein flotter oder lustiger Spruch kommt bei Gästen einfach besser an als ein trauriges Gesicht. Wenn Sie jetzt ungläubig mit dem Kopf schütteln, in unseren Gefilden arbeitet man schon einmal als Kind im familiären Betrieb mit. In der Schule konnte ich mich mit Humor und Sympathieeffekten durch so manche Prüfung schwindeln. Als Kellner während meiner Studienzeit merkte ich erneut, dass Sympathie ein wichtiger Erfolgsfaktor ist. Das muss sich nicht unbedingt in Trinkgeld niederschlagen. Es kann auch ein freundliches Gespräch sein, das einem Wohlbefinden beschert. Dem Unternehmen bringt es jedenfalls ein Mehr an Umsatz und Stammkunden. Das Unternehmen wiederum wird sich bei mir erkenntlich zeigen für meinen Einsatz – hoffentlich. Alle Seiten profitieren. Doch trotz verschiedener Erfahrungen, die ich machen konnte, wurde mir die Fähigkeit, schnell emotionale Nähe zu meinem Gegenüber aufzubauen, nicht in die Wiege gelegt. Deshalb musste ich beobachten, protokollieren und analysieren. So richtig bewusst und professionell setzte ich mich mit dem spannenden Thema der Sympathiegewinnung erst in meinem Trainerdasein als Erwachsenenbildner auseinander. Die Frage war, wie ich möglichst schnell und einfach das Publikum für mich gewinnen kann.

Ich war jahrelang in einem Kontext tätig, in welchem selten jemand absolut freiwillig ist. Konkret war ich Trainer für arbeitssuchende Personen. Sie haben bestimmt schon die wildesten Geschichten über diese Trainings gehört. Sie stimmen alle. Nein, Spaß. Aber Sie können sich sicherlich vorstellen, dass bei den Teilnehmern eine gewisse Abneigung herrscht, überhaupt beim Kurs zu erscheinen. Mir würde es vermutlich nicht anders gehen. Ich suchte also nach Wegen, das Training spannender zu gestalten. Das kann natürlich über spannende Inhalte funktionieren, aber zuallererst muss ich als Person sympathisch wahrgenommen werden, sodass die Inhalte dementsprechend transportiert werden können. Somit war es für mich von immenser Bedeutung, eine spezielle Technik der Sympathiegewinnung für mich und natürlich auch für die Teilnehmerinnen und Teilnehmer meiner Seminare und Trainings zu finden. Sind meine Teilnehmer mir wohlgesonnen, herrscht eine angenehme Stimmung, und ich kann ohne Komplikationen unterrichten. Dann kann ich meine besten Leistungen abrufen und bleibe positiv in Erinnerung des Gegenübers. Ich brauche wohl nicht zu erwähnen, dass dies nicht bei jedem meiner Klienten gelungen ist. Es gab natürlich welche, die sich mit meiner Art nicht anfreunden konnten. Um im Leben erfolgreich zu sein, müssen wir auch nicht allen gefallen. Mir geht es eher darum, zu vermitteln, wie wir in entscheidenden Situationen ein Tool an die Hand bekommen, welches unsere Ergebnisse in der Sympathieherstellung massiv verbessern kann.

Mit dem Ergebnis meiner Irrungen und Wirrungen möchte ich Sie gerne in dem vorliegenden Buch vertraut machen.

Ich habe tatsächlich eine Technik gefunden, wie Menschen sehr schnell emotionale Nähe zum Gegenüber aufbauen können. Es ist der punktgenaue und gekonnte Einsatz des Humors, gerichtet auf das eigene Ich – die sogenannte Selbstironie. Der richtige Zeitpunkt, die richtige Dosierung erhöhen die Chancen dramatisch, sich sympathischer wirken zu lassen. Auch das Nach-außen-Kehren von negativen Elementen unseres Selbst kann dafür sorgen. Die humoristische Einbettung dieser Elemente ist dann der nächste Schritt. In einer Zeit, in der man möglichst keine Fehler machen oder zugeben darf, stellt diese Vorgehensweise eine nette Abwechslung dar. Sogar ein Manager eines multinationalen Konzerns kann durchaus auf eigene Fehleinschätzungen verweisen. Dies würde seinem Ansehen nicht schaden und seine Sympathiewerte erhöhen. Dies hat auch etwas mit Vertrauen zu tun. Habe ich Vertrauen in meinen Vorgesetzten, stärkt dies meine Einsatzbereitschaft.

Überdies gibt es noch weitere Vorteile bei der Beschäftigung mit dem Konzept der Selbstironie. Wenn Sie für sich selbst ein individuelles Konzept der Selbstironie entwickeln, wirken Sie nicht nur sympathischer, sondern sind auch gegen verbale Angriffe von außen immun. Schließlich nehmen Sie Ihre eigenen Schwachstellen bereits vorweg.

So ganz nebenbei entwickeln Sie durch die intensive Beschäftigung mit Ihren Schwächen eine gewisse Gelassenheit in Bezug auf Ihr eigenes Leben. Und mehr Gelassenheit an den Tag zu legen ist beispielsweise eines meiner persönlichen Hauptziele im Leben. Ich halte es hier mit dem amerikanischen Theologen Reinhold Niebuhr: „Gott gebe mir die Gelassenheit, Dinge hinzunehmen, die ich nicht ändern kann, den Mut, Dinge zu ändern, die ich ändern kann, und die Weisheit, das eine von dem anderen zu unterscheiden."

Doch Sympathie hat ebenso etwas Tückisches an sich. Wir selbst schätzen uns in Bezug auf Sympathie häufig total falsch ein. Wir überschätzen oftmals unsere eigene Freundlichkeit maßlos. Als ich beispielsweise meiner Frau mitteilte, dass ich ein Buch über Sympathie schreiben werde, meinte sie lapidar: „Du schreibst ein Buch darüber, wie man sympathischer wirkt? Du bist ja gar nicht sympathisch." Meine Frau wollte mich natürlich nur ärgern. Das hoffe ich zumindest. Doch sie brachte mich mit ihrer Aussage auf eine wichtige Fährte: Überprüfen Sie Ihren eigenen Sympathiefaktor. Es liegt nicht immer an den anderen, ob ein Gespräch gut oder schlecht läuft. Was können Sie selbst dazu beitragen, dass das Ergebnis zu Ihren Gunsten verläuft? Dies schließt natürlich absolute Eigenverantwortung mit ein.

Ich habe viele Menschen scheitern gesehen, da sie die Schuld immer bei anderen gesucht haben: „Ich habe den Job nicht bekommen, weil der Chef ein Idiot ist", „Ich habe nichts verkauft, weil die Kunden einfach zu blöd sind", „Mein Vortrag ging den Bach runter, weil das Publikum einfach unfähig ist, meinen Inhalten zu folgen", „Meine Ehe ist gescheitert, weil der Partner nicht auf mich eingegangen ist", „Meine Kinder hören nicht auf mich, weil sie einfach schlimm sind". Bitte vervollständigen Sie selbst diese Liste. Vielleicht haben Sie bereits selbst den einen oder anderen Outsourcing-Prozess hinter sich. Und mit Outsourcing meine ich das Schuldsuchen beim Gegenüber.

Eigentlich geht es im vorliegenden Buch nicht primär um die Beziehung zu anderen Menschen. Zuallererst geht es um die wichtigste Beziehung, welche Sie jemals in Ihrem Leben eingehen werden – die Beziehung zu sich selbst.

Es ist entscheidend, wie Sie sich selbst wahrnehmen und einschätzen. Der Mensch ist, was er denkt, was er denkt, strahlt er aus, und was er ausstrahlt, zieht er an. In einem Weiterbildungsprojekt, bei dem ich einer der Trainer war, gab es einen äußerst missmutigen Kollegen. Zehn Minuten bevor das Training mit der Gruppe begann, die er fünf Wochen zu begleiten hatte, kam er mit folgenden Sätzen auf den Lippen zu mir: „Ich habe gerade in den Seminarraum geschaut. Die Leute sehen gar nicht motiviert aus. Das wird wohl eher ein Krampf die nächsten fünf Wochen. Mir graut schon davor. Hoffentlich vergehen sie schnell." Sie können sich sicherlich vorstellen, wie das Feedback am Ende der fünf Wochen war. Wirklich katastrophal. Der Trainer konnte seine Abneigung der Gruppe gegenüber – eigentlich seinem Job gegenüber – nicht verbergen und dies beeinflusste die Gruppe massiv negativ. Aus seiner Prophezeiung wurde Realität. Eine Realität, in welcher sich niemand der Beteiligten wohlfühlte.

Das Verhältnis zu uns selbst ist die Grundbasis aller Interaktionen, die wir mit der Realität haben werden. Sie bestimmt die Ausrichtung, sie bestimmt über Erfolg und Misserfolg im Leben. Hätte der oben angesprochene Trainer eine positive Einstellung zu sich selbst und seiner Tätigkeit entwickelt, hätte er Begeisterung ausgestrahlt und die Gruppe positiv beeinflusst. Eine positive Grundstimmung wäre entstanden, auf deren Basis alles innerhalb der Gruppe Erlebte interpretiert worden wäre. Sicher nicht zu Ungunsten des Trainers.

In den letzten Jahren schossen Fachbücher über das Thema Charisma wie Pilze aus dem Boden (Stand Jänner 2015: 1706 Treffer auf Amazon). Der Begriff der Sympathie ergibt immerhin 484 Treffer. Die Frage, wie sie möglichst schnell Sympathie aufbauen können, beschäftigt also offensichtlich viele Menschen aus den unterschiedlichsten Bereichen. Charismatische und zugleich erfolgreiche Personen scheinen zu faszinieren. George Clooney beispielsweise ist für viele Männer das absolute Vorbild in Sachen Charisma und Sympathie. Die entscheidende Frage ist, was ihn sympathisch erscheinen lässt. Welche seiner Strategien können wir für uns selbst nutzen, auch wenn wir nicht so aussehen wie ein Hollywoodstar?

Kommunikative Akte, welche auf gegenseitiger Sympathie

fußen, werden anders verlaufen, als Akte, welche diese Basis nicht haben – eigentlich klar und nachvollziehbar. Tief in unserem Inneren wollen wir geliebt und akzeptiert werden. Manchen Menschen fällt diese Gabe in den Schoß und andere müssen dafür richtig etwas tun. Deshalb gibt es auch diese Menge an Literatur zu diesem Themenkomplex.

Mein Buch verfolgt nicht den Anspruch, als absolute Wahrheit verstanden zu werden. Absolute Wahrheit gibt es wahrscheinlich nicht. Letzteren Satz bringe ich des Öfteren in meinen Vorträgen. Irgendwann machte mich allerdings ein Teilnehmer auf einen logischen Zirkelschluss aufmerksam: „Ist es eine absolute Wahrheit, dass es keine absolute Wahrheit gibt?" Nun, ich bin mir nicht mehr so sicher. Was ich jedoch sicher weiß, ist, dass ich das Phänomen der Selbstironie selbst sehr oft erfolgreich in Trainings, Coachings, Vorträgen und Verkaufsgesprächen angewandt habe. Ich hoffe, Sie finden ebenso sinnvolle Einsatzgebiete für sich selbst. Ich freue mich auch über Feedback oder über jegliche Erweiterung meiner Theorien.

Ich hatte den großen Vorteil, meine Techniken in verschiedensten Situationen, mit den unterschiedlichsten Menschen auszutesten. Durch meine berufliche Tätigkeit kam ich in den vergangenen vier Jahren mit tausenden von Menschen in kommunikative Berührung. Selbstironie beziehungsweise das aktive Hindeuten auf negative Muster im eigenen Leben erwies sich bis dato als die beste Art und Weise, Nähe und Vertrauen herzustellen. Dabei spielten Herkunft, Kultur oder Bildungsgrad kaum eine Rolle. Ich lade auch Sie ein, meine Impulse in die Praxis umzusetzen. Je öfter, desto besser. Wobei – ganz stimmt das auch nicht. Durch reine Wiederholung werden wir nicht automatisch besser. Nein, das wäre viel zu einfach. Woher ich das weiß? Ich war ein katastrophaler Vortragender an der Universität, obwohl ich in den sieben Jahren meines Studiums sicher an die hundert Referate zu halten hatte. Ich habe mich leider nicht berichtigen beziehungsweise coachen lassen. Man kann sehr wohl immer wieder die gleichen Fehler machen, wenn man nicht hinschaut, oder wie der australische Mediziner und Psychologe Edward de Bono in seinem Buch „De Bonos neue Denkschule" schreibt: „Wenn Sie jahrelang falsches Denken üben, werden Sie also zu einem sehr geschickten Falschdenker."

Deshalb lade ich Sie ein, auch andere Standpunkte einzunehmen und zuzulassen. Hätte ich mir Hilfe geholt und aktiv Feedback eingeholt – ich hätte meine Kommilitonen nicht stundenlang zu Tode gelangweilt. Sorry übrigens an meine Mitstudierenden für diese langweiligen und qualvollen Stunden mit mir. Aber lieber spät als nie.

Der Sympathie-Code – Wie Schwächen erfolgreich machen

Unsere Mängel sind unsere besten Lehrer, aber gegen die besten Lehrer ist man immer undankbar.
FRIEDRICH WILHELM NIETZSCHE

Blamier dich täglich – Die Macht des Makels

Es war einmal ein Wasserträger. Seine tägliche Arbeit erledigte er stets gewissenhaft. Er besaß zur Ausführung seiner Aufgaben lediglich einen schweren Holzstab, an welchem links und rechts je ein Wasserkrug befestigt war. Die Krüge waren jedoch unterschiedlich: Einer hatte einen Sprung, wohingegen der andere makellos war. Mit diesem konnte der Wasserträger seine ihm übertragene Aufgabe leicht erledigen. Der Krug verlor beim Weg vom Fluss zum Haus keinen Tropfen Wasser. Der kaputte Krug jedoch verlor bei jedem Gang die Hälfte des Wassers auf dem Wege. Zwei Jahre konnte der Wasserträger einen vollen und einen halbvollen Krug Wasser vom Fluss in das Haus seines Herren mitnehmen.

Der makellose Krug war sehr stolz, dass er seine Aufgabe perfekt erledigen konnte und kein Wasser verlor. Der Krug mit dem Sprung schämte sich, dass er die Aufgabe nur halb so gut erledigen konnte, wie er eigentlich sollte. Dies ließ dem Krug keine Ruhe, sodass er mit dem Wasserträger das Gespräch suchte:

„Ich schäme mich so, dass ich meine Aufgabe nicht erfüllen kann und möchte mich bei dir entschuldigen."

„Aber warum denn? Warum schämst du dich?", fragte der Träger.

„Durch meinen Sprung kann ich das Wasser nicht halten und verliere stets die Hälfte am Wegesrand. Du hast die volle Arbeit, erntest jedoch nicht den vollen Lohn, da nicht das gesamte Wasser beim Haus deines Herren ankommt. Schuld daran bin nur ich."

Der Krug tat dem Wasserträger leid und er versuchte, ihn zu trösten: „Lieber Krug, achte einmal ganz genau auf den Wegesrand, den du soeben ansprachst. Komm, wir holen Wasser vom Fluss."

Der Krug fühlte sich schon weniger schlecht und freute sich auf den Weg. Bei der Rückkehr fühlte er sich jedoch wieder schuldig, da er das Wasser wieder nicht halten konnte, und er entschuldigte sich erneut beim Wasserträger.

Dieser entgegnete: „Du brauchst dich nicht zu entschuldigen. Hast du die Wildblumen am Straßenrand gesehen?

Hast du bemerkt, dass sie nur auf deiner Seite der Straße wachsen? Du hast ihnen das Wasser geschenkt, welches sie zum Wachsen benötigen. Mit diesen wunderschönen Blumen schmücke ich jeden Tag den Tisch meines Herren. Ohne dich wäre diese Schönheit nicht möglich."

Diese Parabel fasst sehr gut zusammen, was das Ziel dieses Buchs sein soll: unsere Makel oder unser Anderssein ebenso wertzuschätzen wie unsere Stärken. Für Schwächen oder Makel müssen wir uns nicht schämen. Im Gegenteil, sie können uns sogar zum Vorteil gereichen, wie uns die Parabel sehr gut zeigt. Die Art und Weise, wie wir mit ihnen umgehen und sie nach außen tragen, ist entscheidend. „Was?" werden sich einige Leser denken: „Wer will denn schon seine eigenen Schwächen freiwillig nach außen tragen?" Meine Antwort: Jeder, der erfolgreich mit anderen kommunizieren will. Schaffen wir es, beim Kommunikationspartner „gut" anzukommen, dann erschaffen wir ein „gutes" Klima für das Gespräch. Und ein „gutes" Klima ist das Um und Auf für eine erfolgreiche Kommunikation. Die Königsdisziplin der Sympathieherstellung ist es, Selbstironie einzusetzen. Sich also über sich selbst lustig zu machen. Das kann nicht jeder. Vor allem können es keine Menschen, die sich zu wichtig nehmen. Der Multimilliardär und Geschäftsmann Richard Branson fordert seine Führungskräfte ebenfalls dazu auf, ihre eigenen Fehler nicht unter den Tisch fallen zu lassen, wie er in seiner Biografie „Like a Virgin" anmerkt: „Stehen Sie zu Ihren eigenen Fehlern und entschuldigen sich dafür? Sie wären erstaunt, wie sehr die Leute es schätzen, wenn ihre Vorgesetzten diese Qualität mitbringen, und wie viel sie aus den Erfahrungen ihrer Manager lernen können. Die Fähigkeit, eigene Fehltritte anzuerkennen und über diese zu sprechen, ist ein wichtiger Faktor und erfordert Mut." Verschiedene verhaltenspsychologische Studien haben ebenfalls belegt, dass es für die Beziehungsebene ab-

solut Sinn macht, eigene Fehler oder Missgeschicke in den Vordergrund zu rücken. Später dazu mehr.
Vielleicht wollen wir unserem Gegenüber etwas verkaufen. Vielleicht wollen wir unserem Gegenüber gefallen. Vielleicht wollen wir unser Gegenüber von etwas überzeugen. Vielleicht wollen wir bei einem Vortrag das Publikum für uns gewinnen. Vielleicht wollen wir in einem Bewerbungsgespräch überzeugen. Vielleicht wollen wir einfach eine gute Zeit mit tollen sozialen Kontakten haben.

Die Rolle, die Sympathie dabei spielt, kann gar nicht hoch genug eingeschätzt werden, wenn wir der modernen Hirnwissenschaft Vertrauen schenken. Sie zeigt, dass bei Wahrnehmung von Sympathie das Glückszentrum aktiviert und Dopamine ausgeschüttet werden. Bedenken Sie nur, wie anders sich Kommunikation mit einem „glücklichen" Menschen gestaltet im Gegensatz zu einem Gespräch, in welchem Ablehnung dominiert. Dieses Buch ist für alle, die in den oben genannten Bereichen Tipps oder eine Strategie an die Hand bekommen wollen. Die Anwendungsbereiche sind mannigfaltig.

Begleiten Sie mich dabei auf einem Weg, welcher bis dato zwar des Öfteren beschritten, dennoch selten beschrieben worden ist. Diese besondere Form der Kommunikation wird schon jahrtausendelang erfolgreich angewandt.

Bei meinen Recherchen zu diesem Werk habe ich herausgefunden, dass diese speziellen Kommunikationsstrategien bereits eine lange Geschichte aufweisen. Eines der bekanntesten Zitate der Philosophiegeschichte strotzt vor einer selbstironischen Ausgangslage: „Ich weiß, dass ich nicht(s) weiß!" Es stammt von niemand Geringerem als Sokrates, dem berühmten griechischen Philosophen. Bereits im fünften Jahrhundert vor Christus wusste er, wie ihm sein sich klein machendes Verstellen in jeglicher Gesprächssituation helfen kann. Dieses Vorgehen wird als sokratische Ironie bezeichnet. Sie soll dabei helfen, den Gesprächspartner in die Falle zu locken, ihn zu belehren oder zum Nachdenken anzuregen. Ich will niemanden in die Falle locken. Das soll nicht das Ziel sein. Formulieren wir es anders: Wir wollen eine gute Beziehungsebene zu unserem Gegenüber aufbauen.

Sie sehen, Selbstironie hat eine zumindest 2500 Jahre alte Tradition. Spannend ist es vor allem, diese Tradition im heutigen kommunikativen Umfeld zu beleuchten und mit anderen Kommunikationsmodellen in Verbindung zu bringen.

Durch eine besondere Achtung Ihrer Schwächen werden Sie eine andere, eine bessere Beziehung zu sich selbst aufbauen. Sie werden lernen, sich als gesamte Persönlichkeit schätzen zu lernen – mitsamt Ihren Schwächen und den erlebten Misserfolgen. Nur über diese allumfassende Selbstwertschätzung können wir wahre Souveränität und Sympathie erlangen. Nur so können wir eine positive Einstellung uns gegenüber erzeugen und beim Kommunikationspartner verankern.

Ich verlange nicht, dass Sie sich ausschließlich mit den eigenen Schwächen und Niederlagen auseinandersetzen. Das wäre eindimensional gedacht. Der Fokus allein aufs Negative gerichtet kann zur Demotivation und zur Selbstfehleinschätzung führen. Ich will Sie nicht demotivieren. Im Gegenteil: Durch die Wertschätzung der eigenen Fehler als mögliche Quelle für persönliche Sympathie soll es zu einem Mehr an Selbstbewusstsein kommen. Ihre Stärken und Erfolge sollen natürlich immer gegenwärtig sein. Doch dies allein führt uns nicht zu einer starken Beziehung zum anderen, welche auf Sympathie fußt. Zusätzlich beachten wir unsere Stärken einfach öfters als unsere Schwächen, weil die gesellschaftlichen Konventionen behaupten, dass Stärken einfach wertvoller sind. Sehen Sie sich nur den Ratgeber-Markt an. Viel mehr Bücher beschäftigen sich mit Stärken als mit Schwächen. Die Negativseiten fallen eher unter den Tisch. Im Extremfall führt dieses Denken bis zur völligen

Verneinung von eigenen Fehlern oder Misserfolgen. Auf die Schattenseiten der anderen wird jedoch fleißig hingewiesen. Auf mögliche Gründe dafür werde ich noch eingehen.

Ich jedoch möchte den Makel, wie auch immer er geartet ist, wieder unter dem Tisch hervorholen. Das Potenzial von Schwächen ist bei Weitem unterschätzt. Nutzen Sie diesen zeitlich-strategischen Vorteil für sich selbst.

Nach der Durchsicht von etlichen Biografien habe ich festgestellt, dass es eben nicht die Erfolge oder Stärken der eigenen Persönlichkeit sind, welche uns sympathisch erscheinen lassen. Sympathisch erscheinen Menschen über eine Mischung von positiven und negativen Aspekten des eigenen Lebens. Hinzu kommt noch eine spezielle Form der Präsentation. Die eigene Einstellung zu Misserfolgen, Makeln und Fehlern ist entscheidend.

Der gerade Weg ist langweilig. Wenn ich beispielsweise mein eigenes Leben Revue passieren lasse, brauche ich nur genug wegzulassen, damit es durchgängig erfolgreich erscheint. Ich kann meine gescheiterte Selbstständigkeit weglassen oder meine Arbeit als Abwäscher in einem Pub. Vielleicht lasse ich auch weg, dass ich schlecht in Mathematik war.

Diese Vorgehensweise ist jedoch nicht der sympathische Weg. Erfolg allein bringt uns nicht näher zueinander. Es geht im schlimmsten Falle sogar in die genau entgegengesetzte Richtung. Diese führt unter Umständen in die Arroganz. Ich will Wege der emotionalen Nähe aufzeigen. Dazu gehören Rückschläge ebenso wie das Durchschreiten von Tälern.

Unperfekte Perfektion

Unsere Gesellschaft tendiert dazu, Fehler zu vermeiden. Ja kein Risiko eingehen. Lieber auf der sicheren Seite bleiben. Dann kann nichts Großartiges passieren. Stimmt – leider opfern wir für diesen Hang zur Sicherheit aber auch Chancen auf Kreativität und Innovation. Wir streben nach Perfektionismus. Dieser kann uns krank machen. Schließlich ist die Basis für dieses Streben der Wunsch nach Kontrolle und ein Mangel an Vertrauen in seine Umwelt. Eigentlich das genaue Gegenteil davon, was wir mit Sympathie anstreben. Gepaart mit einem geringen Selbstwertgefühl kann Perfektionismus dazu führen, Dinge immer auf dieselbe Art und Weise wahrzunehmen. Wenn wir das machen, was alle machen, kommt es zu keiner anderen Sicht der Dinge, geschweige denn zu einem anderen Umgang mit ihnen. Kontrolle geht dem Perfektionisten über alles. Doch leider sind sehr wenige Dinge in unserem Leben kontrollierbar. Denken Sie bitte an Ihre Kinder. Es ist doch toll, zu beobachten, wie Kinder einen Weg interpretieren. Da gibt es kein Geradeaus. Sie entdecken alles Mögliche abseits der eigentlichen Strecke. Sehr kreativ, was meine Kinder da an den Tag legen. Vielleicht haben Sie selbst schon einmal einen Spaziergang mit Kindern gemacht. Der gerade Weg wird eher selten gewählt. Jeder Zaun wird zu einer Kletterwand umfunktioniert. Jedes Straßenschild bildet Stoff für spannende Geschichten. Die Schnelligkeit bleibt hier allerdings wortwörtlich auf der Strecke. Darüber hinaus ist dieser Prozess nicht kontrollierbar. Niemand weiß, was die Kinder als Nächstes entdecken.

Wir bezahlen den Preis für Kreativität mit der Währung Kontrolle. Vielleicht sollten wir unsere Kinder als Vorbild nehmen und nicht immer den naheliegendsten Weg wählen. Nehmen Sie beispielsweise die Firma Google. Sie ermöglicht Mitarbeitern, sich nicht nur auf die Arbeit zu fokussieren. Der Kreativitäts- und Wohlfühlprozess spielt eine Hauptrolle. Da wird schon einmal bei einer Partie Billard entspannt. Oder sich im hauseigenen Fitnesscenter so richtig ausgepowert. Gratisessen für die Mitarbeiter rundet das Angebot ab. Was dies mit Kreativität zu tun hat? Eine ganze Menge. Worüber reden wir überwiegend bei solchen Aktivitäten? Richtig, über die Arbeit. Und genau hier gelingt es Google, den Fokus für die eigenen Leute zu verschieben. Die eigene Arbeit wird von anderen Gesichtspunkten aus gesehen und mit unterschiedlichsten Menschen in einer entspannten Atmosphäre diskutiert und weiterentwickelt.

Das ist ein spannender Schachzug, den auch bereits andere Firmen sehr erfolgreich anwenden, wenngleich diese natürlich in der Minderheit sind. Unternehmen reagieren sehr unterschiedlich auf den Umstand, kreativ sein zu müssen. Manche flüchten in einen regelrechten Kontrollzwang. Andere wiederum haben die Unkontrollierbarkeit ihrer Mitarbeiter akzeptiert und fördern ihre Kreativität mit unterschiedlichsten Impulsen.

Raphael M. Bonelli hat ein sehr empfehlenswertes Buch über die Auswirkungen und Gründe des Perfektionismus („Perfektionismus – Wenn das Soll zum Muss wird") verfasst. Dieses Auf-Nummer-sicher-Gehen beginnt bereits in der Erziehung. Wir tadeln unsere Kinder, wenn sie „Fehler machen" – sich nicht unseren Vorstellungen entsprechend verhalten. Also nicht den geraden und kürzesten Weg gehen. Ich nehme mich nicht aus der Verantwortung heraus. Auch ich dränge meine Kinder, schneller zu machen. Leider. Dabei ist der kürzeste Weg vielleicht langfristig nicht immer der beste.

Das Verhalten des geradlinigen Denkens setzt sich in der Schule fort. Fehler werden mit schlechten Noten bestraft. Schlechten Noten folgen soziale Konsequenzen. Versuchen Sie mal mit einem Notendurchschnitt von 3,9 einen Lehrplatz zu ergattern. Wir alle werden auf Leistung getrimmt. Leistung ohne Fehler. Misserfolgen sollen wir um jeden Preis ausweichen. Dann bleibt aber absolutes Mittelmaß und Risikolosigkeit übrig. Wie ich zu durchschnittlichen Leistungen stehe, habe ich bereits weiter oben klargemacht. Natürlich ist Leistung auch mit Fehlern und Misserfolgen möglich. Außerordentliche Leistung entsteht sogar nur über Versuch und Irrtum. Auch wenn unsere Gesellschaft dem Irrtum am liebsten ausweichen würde. Gott sei Dank ist dies unmöglich. Woran sollten wir dann wachsen?

Misserfolge in der Schule stigmatisieren sofort, doch glücklicherweise gibt es noch Betriebe, die auf Begabungen und Einsatz Wert legen und nicht bloß auf Noten. Leider setzen viele Menschen Schulnoten mit Intelligenz oder Motivation gleich. Ein großer Fehler. Denn Noten sagen lediglich aus, wie gut sich jemand mit dem System Schule arrangieren konnte. Nicht mehr und nicht weniger. Das System Schule hat nur bedingt etwas mit dem wahren Leben, mit der beruflichen Karriere gemein. Dafür gibt es zahlreiche Beispiele. Schauen Sie sich bitte einmal die Biografien einiger sehr erfolgreicher Personen im Wissenschaftsbereich an. Manche von ihnen bringen – aus verschiedenen Gründen – in der Schule eher mittelmäßige Leistungen. Später explodiert ihr Leistungsvermögen förmlich (siehe Albert Einstein, Stephen Hawking u.v.a.m.).

Insgesamt erscheint es so, dass in unserer Gesellschaft gehorsames Funktionieren wichtiger als kreatives Denken ist. Dr. Hüther – Professor der Neurobiologie – hat dies in einem „Standard"-Interview vom 15.4.2012 sehr gut auf den Punkt gebracht: „Die Schule produziert lustlose Pflichterfüller (...). Die gesellschaftlichen Megaherausforderungen unserer Zukunft in Europa und weltweit erfordern jedoch das genaue Gegenteil – leidenschaftliches und kreatives Fehlermachen. Die Bereitschaft, Fehler zu machen, bedeutet doch, dass man sich der Lösung von Dingen ernsthaft widmet. Wo viele Unsicherheitsfaktoren herrschen, sind Fehler unausweichlich." Eine Kernherausforderung Europas ist zum Beispiel die massive Überalterung der Bevölkerung. Diesen Problemen können wir mit Standardrezepten wohl nicht mehr begegnen. Es benötigt neue, kreative Ansätze, um Fragen wie die folgenden zu lösen:

- Was heißt das Älterwerden der Gesellschaft für die Wirtschaft, das Pensionssystem und für den Arbeitsmarkt?
- Wie lösen wir die Energie- und Umweltfragen der Zukunft?
- Wie gehen wir mit Ressourcenknappheit um? Wer bekommt wie viel und zu welchem Preis?
- Wie lösen wir das Überschuldungsproblem der Staaten und bleiben dennoch sozial?
- Wie gehen wir mit zunehmender Arbeitslosigkeit um?
- Wie bewegen wir uns in einer Multioptionsgesellschaft, die immer größer wird? Stichwort: Globalisierung.
- Wie kommen wir zu einer gerechten Geldverteilung innerhalb der Bevölkerungsstruktur?
- Wie verkleinern wir die Schere zwischen Arm und Reich?
- Wie gehen wir mit der immer größer werdenden Flut an Information um?
- Wie bereiten wir unsere Kinder auf eine zunehmend komplexer werdende Welt vor?
- Wie kann Arbeit mit Familie abgestimmt werden, obwohl feste Arbeitszeiten immer seltener werden?
- Welche Werte braucht die Gesellschaft als Fundament, um zu funktionieren?

Diese kleine Frageliste ist natürlich nicht vollständig. Sie können Sie sehr gern für sich selbst weiterführen. Sie soll lediglich einige Eckpfeiler aufzeigen, mit denen wir und unsere Kinder uns in den nächsten Jahrzehnten intensiv beschäftigen müssen. Ob wir wollen oder nicht. Das Interessante dabei – mit den Denkansätzen der Vergangenheit oder der Gegenwart werden wir nicht zur Lösung gelangen. Wir müssen völlig neue Möglichkeiten des Umganges und der Betrachtung finden. Eigentlich eine sehr spannende Zeit, auf die wir uns zubewegen. Ilja Grzeskowitz, mein Freund und Mentor, geht davon aus, dass das wichtigste Kapital der Zukunft Wissen und der Mut zur Veränderung sein wird.

Ein Punkt ist mir in diesem Zusammenhang sehr wichtig: Investieren Sie in Ihre Kommunikationsfähigkeit und in Ihre mentale Stärke. Denn um aus unserer Komfortzone auszubrechen, benötigen wir Mut. Wir müssen uns trauen, Risiko auf uns zu nehmen und aus Misserfolgen zu lernen. Diese Elemente werden für den Erfolg vonnöten sein. Um unseren Weg vor anderen zu vertreten und sich nicht davon abbringen zu lassen, bedarf es der kommunikativen und der mentalen Stärke. Auch wenn wir von unseren Misserfolgen langfristig gesehen profitieren, stehen sie im allgemeinen Ansehen und der Wertschätzung noch lange nicht auf Augenhöhe mit den Stärken. Dem wollen wir begegnen. Ich rufe hiermit auf zum Wagemut und zu der Bereitschaft, Fehler zu begehen. Facebook-Gründer Mark Zuckerberg sieht dies ähnlich: „The biggest risk is not taking any risk [...] In a world that is changing really quickly, the only strategy that is guaranteed to fail is not taking risks."

Fehler sind unvermeidbar. Keine Fehler begehen zu wollen ist der größte Fehler von allen. Niemand von uns ist – Gott sei Dank – ohne Fehler, Makel oder Fehlentscheidungen. Das verbindet uns. Eigene Fehler können den Weg zur Sympathie des Gegenübers bahnen. Nur Fehler zu machen ist jedoch zu wenig. Es kommt auf die Art und Weise der Vermittlung an.

Bevor Sie sich mit mir auf den selten beschrittenen Weg machen, Fehler wertzuschätzen und sogar positiv zu verwerten, lassen wir Alva Edison, den US-amerikanischen Erfinder und Entdecker des glühelektrischen Effekts, zu Wort kommen: „Ich habe nicht versagt. Ich habe mit Erfolg zehntausend Wege entdeckt, die zu keinem Ergebnis führen."

Kleine Nadelstiche in die richtige Richtung – Grenzen und Möglichkeiten der Sympathie

Edison deutet den Begriff des Misserfolges um und macht etwas Positives daraus. Ähnliches gilt für meine Erfahrungen in der Kommunikation. Ich habe schon etliche Dinge *nicht* erfolgreich verkauft. Zu etlichen Personen habe ich *keinen* guten Draht aufgebaut. In vielen Vorträgen konnte ich *keine* emotionale Beziehung zum Publikum herstellen. Bei einem können Sie sich sicher sein: Ich weiß auf jeden Fall, wie Sympathiegewinnung nicht funktioniert. Mir fehlte damals eben eine tieferliegende Strategie hinter meinem Vorgehen. Vielleicht fehlte auch eine fundierte Lebensphilosophie, auf die ich bauen konnte. Diese habe ich nun an der Hand und meine Ergebnisse sind – seit der konsequenten Anwendung und Weiterentwicklung der Prinzipien der Selbstironie um Welten besser. Natürlich habe ich keine hundertprozentige Trefferquote. Ich bin nach wie vor nicht jedem Menschen sofort sympathisch. Das ist auch gar nicht möglich oder erwünscht. Vieles hängt von persönlichen Vorlieben meines Gesprächspartners ab. Vieles hat mit dem individuellen Stimmungsbild meiner selbst und meines Gegenübers zu tun. Wenn Sie mit dem falschen Fuß aufstehen, dann wird es für Ihr Gegenüber auch schwieriger, Sie davon zu überzeugen, dass es sympathisch ist. Manchmal können Menschen einander auch einfach nicht „riechen". So ist das. Das ist menschlich. Dennoch bin ich überzeugt: Wenn Sie eine Chance beim Gegenüber haben wollen, dann über Ihr individuelles Schwächemanagement.

Es allen zu jeder Zeit recht zu machen soll nicht die Botschaft dieses Buchs sein. Es geht auch nicht darum,

„everybody's darling" zu sein. Doch Sie sollen in die Lage versetzt werden, Ihren Sympathiegrad auf ein höheres Level zu befördern, wenn Sie es für nötig halten. Es geht um Wahrscheinlichkeiten der Näheherstellung, die massiv erhöht werden. Mehr kann und will ich Ihnen nicht versprechen. Diese Beeinflussung der Wahrscheinlichkeit funktioniert ohne Anbiederung oder bedingungslose Unterwerfung.

Der Erfolg in verschiedensten Lebensbereichen kann sich jedoch nur einstellen, wenn Sie sie auch ausprobieren. Werden und bleiben Sie ein Original. Ihre Schwächen und Misserfolge sind etwas sehr Persönliches und Intimes. Gerade deshalb funktioniert die Verbindung zum Gegenüber. Überlegen Sie sich gut, was Sie preisgeben möchten und was nicht. Die tiefsten Abgründe müssen Sie gar nicht veröffentlichen, sofern solche überhaupt vorhanden sind. Damit würden Sie den anderen – vermutlich auch sich selbst – nur unnötig überfordern. Manchmal ist weniger wirklich mehr.

Das Schöne an der Selbstironie ist, dass Sie augenblicklich Feedback dazu erhalten, ob Ihr Humor angekommen ist oder nicht. Sie tappen nicht allzu lange im Dunkeln. Entweder es funktioniert oder eben nicht. Das alles erschließt sich über das Lächeln im Gesicht Ihres Gesprächspartners.

Damit Sie meine Irrwege nicht gehen müssen, profitieren Sie von meinen Erfahrungen. Natürlich hindert Sie nichts und niemand daran, selbst Negativerfahrungen zu machen. Wahrscheinlich haben Sie selbst schon einige Misserfolge und gescheiterte Versuche hinter sich. Perfekt. Warum? Weil Sie diese Negativerlebnisse gleich als Fundament für Ihre eigene selbstironische Strategie verwenden können.

Erlebnisse, die Sie selbst durchlebt haben, sind emotional natürlich viel aufgeladener. Ich bekomme diese Erkenntnis des Öfteren bei der Erziehung meines Sohnes vor Augen gehalten: Ich kann ihm hunderte Male sagen, dass er nicht allein auf eine hohe Leiter klettern soll. Ich erkläre ihm sogar genau, weshalb ich es ihm verbiete. Dass ich es für gefährlich halte.

Dass er sich verletzen kann. Ich versuche, ihn abzulenken und sein Interesse auf eine andere Aufgabe zu lenken. Selten funktioniert dies. Wenn er sich etwas vorgenommen hat, dann zieht er es durch. Eigentlich ist das ein guter Charakterzug, welchen er sich hoffentlich bis ins Erwachsenenalter behält. Er wird erst verstehen, was ich meine, wenn er tatsächlich ausrutscht. Erst wenn das eigene Knie schmerzt, hat er es vollständig erfasst. Dieser Umstand trifft nicht nur auf Kinder zu. Es geht darum, diese Situationen selbst zu durchleben und zu erleben. Nichts kommt gegen die Macht der primären Erlebnisse an. Natürlich bewahre ich meinen Sohn vor kapitalen Fehlern und lasse ihn nicht die Sprossen ganz nach oben steigen. Das Leben tut uns diesen Gefallen – leider – nicht immer. Es lässt uns auch kapitale Fehler begehen.

Nur Sie selbst können sich über Ihre selbst gemachten Erfahrungen verbessern. Es geht doch um das Gefühl in jenen Momenten, in denen Sie Ihre verschiedensten Strategien ausführen. Wie geht es Ihnen dabei? Fühlen Sie sich wohl oder unwohl mit dieser Vorgehensweise, die eigenen negativen Seiten nach außen zu kehren? Was nehmen Sie am Gegenüber wahr? Haben Sie eine Verbesserung der persönlichen Beziehung zum Kommunikationspartner bemerkt? Das sind Erfahrungen, welche Ihnen kein Buch und kein noch so tolles Coaching liefern können.

Des Öfteren habe ich Teilnehmer trainiert, die unzufrieden mit gewissen Persönlichkeitsmerkmalen waren. Ich meinte dann, dass der beste Vortrag der Welt aus ihnen keinen anderen Menschen zaubern würde. Arbeiten müssten sie selbst an ihrer Veränderung. Das bejahten die meisten sogar. Wenn es allerdings ans Eingemachte ging, strichen viele von ihnen die Segel. Sie wollten oder konnten die theoretischen Erkenntnisse nicht in die Praxis umsetzen. Der Leidensdruck war wohl noch nicht groß genug.

Vermutlich kennen Sie das von eigenen Diätversuchen, welche kläglich gescheitert sind. Zu Beginn sind wir motiviert. Wir wissen, dass wir zu viel Speck an den Hüften haben und es besser wäre, ein paar Pfunde loszuwerden. Begeistert legen wir los. Wir kaufen nur mehr Gemüse und Obst, kaufen Laufschuhe und Trainingsklamotten, erwerben eine Jahreskarte im Fitnessclub. Dann starten wir mit unserem Workout. Allerdings nur einige Male. Dann bemerken wir plötzlich, welch große Anziehungskraft der Kühlschrank und die Couch auf uns ausüben. Die Diät ist somit vorbei und wir sind wieder in unser altes Muster zurückgerutscht. Szenen wie diese kennen wahrscheinlich viele von uns. Ähnliches gilt für Kommunikationsstrategien. Zwischen Wissen und Praxis klafft eine Lücke, die sich Selbstvertrauen oder Faulheit nennt. Faulheit, sich verändern zu wollen. Hinter ihr steckt wahrscheinlich die Angst davor, was passieren könnte. Hinter dem Mangel an Selbstvertrauen verbirgt sich ebenso Angst. Sie sehen, Angst spielt eine große Rolle in unserem Leben. Wir müssen uns mit ihr auseinandersetzen, wenn wir uns verändern wollen oder müssen. Ich selbst musste meine Angst, vor Fremden zu sprechen, überwinden. Jedes Mal aufs Neue. Habe ich diese überwunden, bin ich stolz auf mich. Angst als Quelle von Stolz. Schon haben wir einen anderen Betrachtungswinkel, der produktiv wirken kann.

Falls Sie Ängste verspüren, Neues auszuprobieren, stellen Sie sich bitte folgende Fragen: Was ist das Schlimmste, das passieren könnte? Was wäre das Optimum? Dann wägen Sie bitte ab, ob das Risiko des Handelns sich lohnt. Meistens wird es das.

Nehmen Sie meine Impulse an und wenden Sie sie selbst in konkreten Lebenssituationen an. Ich gebe Ihnen dazu wertvolles Wissen an die Hand. Dazu lade ich ein und leite an. Erfahrungen sammeln dürfen Sie selbst.

Bleiben wir gleich bei der Macht der Emotionen. Achtung, nun fängt es bereits an, ein wenig wehzutun. Weiterlesen ist nur für Hartgesottene zu empfehlen. Sind Sie? Gut, dann geht's los. Stellen Sie sich folgende Fragen: In welcher Situation habe ich so richtig versagt? Wo bin ich mit Anlauf ins Fettnäpfchen gesprungen? Für welche Schwächen schäme ich mich? Für welche Schwächen bin ich in meinem Umfeld bekannt? Welche kapitalen Fehlentscheidungen habe ich in meinem Leben bisher getroffen? Wofür bin ich in meiner Region berühmt-berüchtigt?

Wenn Sie spontan Antworten parat haben, gratuliere ich Ihnen recht herzlich. Das ist Ihnen höchstwahrscheinlich auch noch nie passiert. Dass Ihnen jemand – aufrichtig – zu Ihren Missgeschicken gratuliert. Aber nicht, weil ich schadenfroh bin. Nein, ich gratuliere Ihnen aus vollem Herzen aus folgendem Grund: Sie haben mit der erfolgreichen Beantwortung dieser Fragen den ersten Schritt in die Erstellung eines selbstironischen Konzepts getan. Und jede lange Reise beginnt bekanntermaßen mit dem ersten Schritt. Unser gemeinsamer Weg startet mit dem ersten Makel, mit der ersten Fehlentscheidung, mit dem ersten Fettnäpfchen, welches Ihnen in den Sinn kommt. Das vor Ihnen liegende Buch hat über 300.000 einzelne Zeichen. Beginnen musste ich mit dem ersten, damit diese spannende Reise beginnen konnte.

Doch bevor wir nun endgültig loslegen können, noch ein letztes Zitat von Edison: „Es ist besser, unvollkommen anzupacken, als perfekt zu zögern." – Genau meine Rede, also los geht's.

Die Macht der Emotionen

Der verliebte Homunkulus im Bewerbungsgespräch oder: Warum Emotionen das Ende des Anfangs sind

Emotionen bestimmen unser Leben. Das wissen wir nicht erst seit gestern. Stellen Sie sich vor, es gäbe in Ihrem Kopf ein eigenständiges kleines Menschlein, das ein Leben abseits des Ihren führt und die Welt auf ganz eigene Weise wahrnimmt. Das klingt nach Science Fiction, doch diese Idee des Homunkulus wurde bereits im Spätmittelalter entwickelt. Philosophen beschäftigte die Frage, wie Informationen in unserem Kopf verarbeitet werden und wie wir Gefühle tatsächlich empfinden. Die Philosophen benutzten zum Stützen ihrer Theorien dieses „Menschlein", welches in unserem Kopf sitzt und Dinge erlebt, bevor wir sie erleben. Es erlebt Reize, bevor wir sie empfinden. Ein spannendes Konzept zu damaligen Zeiten. Die moderne Neurowissenschaft hat mittlerweile vor allem eines herausgefunden: nämlich, dass es diesen Homunkulus nicht gibt. Dafür würden wir nicht einmal die moderne Wissenschaft benötigen, denn allein die Logik legt uns einen unendlichen Regress nahe. Wer würde denn die Prozesse im Hirn des Homunkulus verarbeiten? Ein noch kleineres „Menschlein"? Sie ahnen, wohin wir gelangen.

Die wohl wichtigste Erkenntnis, welche uns die Neurowissenschaft beschert hat, ist jedoch die Bedeutung von Emotionen. Sie sind das Um und Auf unserer Entscheidungs- und Denkprozesse. Jahrhundertelang wollten die Menschen jegliche Emotionen aus den wissenschaftlichen Akten heraushalten bzw. eliminieren. Jedes Experiment sollte objektiv und vom Wissenschaftler unabhängig durchführbar sein. Im wissenschaftlichen Kontext waren Emotionen somit lange Zeit sehr negativ besetzt. Sehr unwissenschaftlich eben. Seit der Mitte des 20. Jahrhunderts entdeckt die Wissenschaft, dass Emotionen der Ausgangs- und Endpunkt für jegliches Erlebnis und jegliche Entscheidung unsererseits darstellen. Umso erstaunlicher ist es, dass es für dieses Phänomen keine allgemein gültige Definition gibt. Es existiert lediglich eine Arbeitsdefinition. Nicht mehr und nicht weniger. Dies zeigt, wie schwer sich die Wissenschaft mit der Einordnung dieses Phänomens tut.

In unserem Alltag werden Emotionen nicht immer positiv wahrgenommen. Stellen Sie sich vor, ein Manager begründet seine Entscheidungen, welche hunderte von Mitarbeitern beeinflussen, lediglich mit seinem Bauchgefühl. Das schickt sich doch nicht. Deshalb wird argumentiert, logisch hergeleitet und vernünftig argumentiert. Dasselbe gilt doch auch für unseren Alltag. Selten begründen wir unsere Entscheidungen mit unseren Emotionen. Dennoch entscheiden in Wahrheit unsere Gefühle. Da können wir im Nachhinein unseren Schuh- oder Uhrenkauf noch so oft logisch argumentieren. Der Kauf der übertreuerten Uhr war ein emotionaler Akt. Die Wahl des Vornamens für das Kind – ein emotionaler Akt, der das gesamte Leben des Kindes beeinflussen wird, positiv oder negativ. Die Wahl des Partners – ein emotional höchst aufgeladener Akt, der Ihr Leben positiv oder negativ beeinflussen wird. Womöglich Ihr ganzes Leben lang. Die Wahl des Autos – emotional. Die Wahl von Marken, die mich umgeben und begleiten – emotional. Die Wahl eines Mitarbeiters – emotional. Der Kauf dieses Buches – durch und durch emotional. Die Wahl meines Themas, welches ich zum Buch verarbeitete – emotional ganz stark besetzt. Sonst hätte ich wahrscheinlich nicht die Durchhaltekraft gehabt, dieses Buch fertigzuschreiben.

Die Hirnforschung sagt uns auch, weshalb ohne Emotionen kein Denken möglich wäre. Für die intuitiven, gefühlsbezogenen Elemente zeichnet das limbische System und kein Homunkulus verantwortlich. Dieses ist evolutionär gesehen älter als das kortikale System, wo der Verstand und das Bewusstsein beheimatet sind.

Warum das so ist, erklärt der führende Hirnforscher Gerhard Roth zum Beispiel in dem Fachartikel der ZfU International Business School „Wie unser Gehirn Entscheidungen trifft". Für alle, die sich nicht wirklich für die fachliche Herleitung interessieren, überspringen Sie das Zitat einfach. Ich bin nicht böse. *„Das limbische System hat also gegenüber dem rationalen kortikalen System das erste und das letzte Wort. Das erste beim Entstehen unserer Wünsche und Zielvorstellungen, das letzte bei der Entscheidung darüber, ob das, was sich Vernunft und Verstand ausgedacht haben, auch wirklich getan werden soll. Der Grund hierfür ist, dass alles, was Vernunft und Verstand an Ratschlägen erteilen, für denjenigen, der die Handlungsentscheidung trifft, emotional akzeptabel sein, d. h. in unsere vergangene emotionale Erfahrung hineinpassen muss. Es gibt also ein rationales Abwägen von Handlungen und Alternativen und ihren jeweiligen Konsequenzen, es gibt aber kein rein rationales Handeln. Die Chance von Verstand und Vernunft ist es, mögliche Konsequenzen unserer Handlungen so aufzuzeigen, dass damit starke Gefühle verbunden sind, denn nur durch Gefühle kann Verhalten verändert werden."*

Durch positive Gefühle mir gegenüber kann somit ein anderes Verhalten beim Gegenüber ausgelöst werden. Denn alles, wirklich alles, wird emotional besetzt und aufgeladen. Denken wir zurück an unsere Schulzeit. Die Dinge, die uns emotional dargeboten wurden, lernten wir lieber und besser. Also mir ging es definitiv so. Der Stoff war für mich auch sehr eng an die vortragende Person geknüpft. War mir der Lehrer sympathisch, so war mir der Lernstoff sympathisch.

Die Chance auf gute Noten stieg. Hatte ich dann tatsächlich gute Ergebnisse, war mir der Lehrer noch sympathischer, und eine Erfolgsspirale setzte sich in Bewegung. Hatte ich nicht sofort gute Ergebnisse, war mir der Stoff dennoch nicht sofort unsympathisch, sodass ich es das nächste Mal mit noch mehr Motivation versuchte. Wären negative Emotionen im Spiel, dann hätte ich mich wahrscheinlich nicht wirklich interessiert und engagiert für den Stoff. Deshalb hätte ich weniger Zeit in das Lernen investiert. Der Lehrer wäre mir auch nicht sympathischer geworden und eine Spirale in die andere Richtung hätte sich in Gang gesetzt. Wie wir es drehen und wenden, Emotionen sind einfach wichtig. Positive wie negative. Nicht nur im Lernprozess. Es gilt für jeden Denkprozess. Der Zukunftsforscher Matthias Horx hat dies in seinem Buch „Das Megatrend-Prinzip" sehr anschaulich auf den Punkt gebracht: „In unserem Hirn läuft eine ständige Musterbildung ab, indem Meme (kulturelle Informationseinheiten, analog zu Genen) und Ängste, Erwartung und Vermeidung gegeneinander abgewogen werden. Die Muster ‚produzieren' Zukunft, indem sie durch Erwartungshaltungen selbsterfüllende Prophezeiungen erzeugen." In letzter Instanz sind wir selbst für unsere Zukunft verantwortlich. Die Qualität unseres Denkens bestimmt die Qualität unseres Lebens, um es mit Edward de Bonos Worten auszudrücken.

Angst kann ebenso ein starker Antriebsfaktor sein. Wenn jemand Angst hat, seine Arbeitsstelle zu verlieren, wird er mehr als 100 Prozent geben. Ob das jedoch psychisch auf Dauer gutgeht, wage ich sehr stark zu bezweifeln. Wenn Kinder etwas nicht tun sollen, gibt es ebenso die Strategie, ihnen Angst zu machen: „Wenn du da raufgehst, wirst du dir sehr wehtun …" Mein Kind ist diesbezüglich relativ angstfrei …

Emotionen sind maßgeblich bei jeder Entscheidung unseres Lebens beteiligt. Schließlich kaufen Sie auch kein

Haus, sondern „das gute Gefühl, angekommen zu sein" (Schwäbisch-Hall-Werbung). Wenn Sie bei Starbucks einen Kaffee trinken, genießen Sie nicht nur einen Kaffee. Nein. Eigentlich kaufen Sie sich das Gefühl von Entspannung und Urlaub. Warum sollten Sie sonst bis zu fünf Euro für einen Kaffee ausgeben? Ein Apple-Gerät ist weit mehr als eine seelenlose Maschine zum Telefonieren oder zum Internetsurfen. Sie ist Ausdruck eines besonderen Lebensgefühls, welches in ein Suchtgefühl übergehen kann. Untersuchungen mit Hilfe von Kernspintomografen haben ergeben, dass bei Vibration eines Apple-Gerätes dieselben Hirnströme auftreten wie beim Treffen mit einer geliebten Person. Unglaublich, aber wahr. Aufgrund dieser Erkenntnisse ist es nicht verwunderlich, dass andere Anbieter diesem Vorbild folgen wollen. Vor allem Samsung, der Marktführer, möchte mehr Emotionen für die hauseigenen Produkte. Mehr Emotionen führen zu einem Mehr an Bindung.

Der Kauf eines Autos ist ebenso eine emotionale Entscheidung. Wer sich einen Volvo kauft, möchte ein sicheres Auto. Wer einen BMW bevorzugt, erwirbt sich zusätzlich Fahrfreude. Die Käufer eines Audi erfreuen sich am Vorsprung der Technik. Opel-Liebhaber bedienen vielleicht Kindheitserinnerungen oder Treuegefühle spielen eine große Rolle bei der Entscheidung. Auch wenn wir zu einer Coke greifen, kaufen wir uns eigentlich nicht das schwarze Zuckersprudelwasser, sondern ein Gefühl der eigenen Jugend. Ich, Baujahr 1981, habe sehr viele schöne Teenagererinnerungen an dieses Getränk. Die nachfolgenden Generationen werden dasselbe höchstwahrscheinlich über Red Bull sagen. Immerhin werden derzeit von dem Salzburger Getränk jährlich an die 5,4 Milliarden Dosen abgesetzt. Bei irgendjemandem muss dieses Getränk somit positive Emotionen auslösen. Die Kunden kaufen sich jedoch nicht nur das Getränk Red Bull, sondern vor allem das Gefühl, über die eigenen Grenzen gehen zu können. Das müssen sie wohl auch, angesichts des Zuckergehalts.

Da Emotionen uns maßgeblich in unseren Entscheidungen beeinflussen, ist es von großer Bedeutung, Sympathie und somit positive Emotionen beim Gegenüber zu erlangen. Beliebtheit macht den erfolgreichen Unterschied in vielen Kommunikationssituationen aus. Nicht in allen, wie bemerkt, aber in den meisten. Eine Gespräch besteht immer aus zumindest zwei Hauptebenen: der Inhaltsebene und der Beziehungsebene. Erschaffen wir ein gutes Gesprächsklima, werden wir tendenziell auch bessere Ergebnisse erzielen. Wie dies genau vonstattengehen soll, werde ich in den folgenden Kapiteln darlegen.

Ein Chef zum Verlieben – Was Jobsuche und Dating-Seiten gemeinsam haben

Nach einem glühenden Vortrag über die Macht der Emotion in einem meiner Trainings fragte mich ein Teilnehmer, ob ich mir sicher sei, das richtige Thema zu behandeln. Mit etwas Verwunderung erkundigte ich mich, was er meinte. Für ihn hörte sich mein Vortrag eher nach einer Partnersuche an. Wir lachten ausgiebig. Und eigentlich hatte er gar nicht so unrecht mit seiner Behauptung. Je mehr ich darüber nachdenke, desto besser gefällt mir diese Art der Gleichstellung.

Emotionen leiten unser Handeln maßgeblich, somit auch die Auswahl eines Mitarbeiters. Es geht zwar nicht um Liebe, aber dieses besondere Phänomen stellt sich doch auch bei der Partnersuche nicht immer sofort ein. (Fragen Sie bitte meine Frau diesbezüglich.) Manchmal gefällt uns der zukünftige Partner erst auf den zweiten oder dritten Blick – ich weiß leider nicht, wann es bei meiner Frau so weit war. Somit kann eine selbstironische Grundeinstellung in der Partnersuche ebenso Wunder wirken.

Dass die Mitarbeiterwahl zu einem großen Teil nach emotionalen Aspekten erfolgt, würde ein Recruiter oder ein HR-Mitarbeiter natürlich nie zugeben. Ebenso, wie ich den Kauf eines Hugo-Boss-Anzuges niemals rein meiner Emotion anlasten würde. Ich würde natürlich behaupten, dass mir diese Marke einfach besser steht. Und natürlich sitzt nur diese Marke wie angegossen. Bestimmt hält der Anzug auch länger. Außerdem ist er pflegeleichter als alle anderen am Markt verfügbaren Anzüge. Hauptsache, es kommt keine Form der Emotion in meiner Argumentationskette vor. Wenn ich es mir recht überlege, habe ich sogar Geld gespart. Man stelle sich nur vor, was ein Maßanzug von ähnlicher Eleganz gekostet hätte. Ich verstehe gar nicht, weshalb meine Frau bei dieser Art von Argumenten immer den Kopf schüttelt. Selbstverständlich hat meine Frau aber recht mit ihrer Reaktion. Es würde natürlich auch ein billigerer Anzug einer günstigeren Marke tun. Was hier wirkt, sind die Markenversprechungen. Bei Hugo Boss ist es vor allem die Exklusivität und die Qualität. Alle Marken machen gewisse Versprechungen. Wenn Sie an kik denken, dann denken Sie vermutlich an das Preisversprechen. Wenn Sie an die Automarke Volvo denken, dann kommt Ihnen das Versprechen der Sicherheit in den Sinn. Dies können Sie auf alle Ihnen bekannten Marken übertragen. Manche transportieren das Versprechen einfach besser, manche kommunizieren es schlechter. Entweder vertrauen wir einer Marke und ihren Versprechungen oder eben nicht.

Sie als Person geben mit Ihrer Wirkung auf andere ebenso gewisse Versprechen ab. Nehmen Sie den Bewerbungsprozess. Wenn Sie das Versprechen einer erfolgreichen zukünftigen Zusammenarbeit transportieren können – besser als alle anderen Bewerber – dann werden Sie den Job höchstwahrscheinlich bekommen.

Dennoch schwingt so etwas wie Unprofessionalität mit, sobald Sympathie eine tragende Rolle im Auswahlprozess spielt. Dann geben jene, die die Entscheidung treffen, doch lieber an, dass sie sich diesen Mitarbeiter toll im Team vorstellen können. Mit anderen Worten – er ist sympathisch. Aber das darf ein HR-Experte natürlich niemals von sich geben. Ich persönlich finde es jedoch toll, wenn jemand ein Bauchgefühl oder ein besonderes Gespür für Menschen hat. Eine kleine und wahre Geschichte zu diesem Thema von mir. Vor einem Kommunikationstraining in einer großen Firma fragte mich die Personalchefin, nach welchen Kriterien sie ihre Mitarbeiter für den Kontakt mit Kunden auswählen sollte. Es ging um einen Transfer von Mitarbeitern des Backoffice-Bereichs in den direkten Kundenservice. Zu ihrer Überraschung fragte ich, wie ihre bisherigen Kriterien aussehen. Darauf antwortete sie, dass sie keine habe. Ich wiederum fragte zu ihrer noch größeren Verwunderung, was sie damit meinte. Sie müsse doch irgendwelche Kriterien haben, schließlich fand dieser Prozess der Selektion für das Kundenservice bereits seit Monaten statt. Ihre Antwort: Sie habe lediglich auf ihr Bauchgefühl gehört. Damit sei sie jedoch nicht zufrieden. Das reiche ihr nicht für einen professionellen Entscheidungsprozess. Ich wollte noch wissen, wie ihre Erfolgsquote aussehe. Wie viele Mitarbeiter sie für den Kundenkontakt nach den ersten Erfahrungen richtig ausgewählt hatte. Sie meinte, an die 100 Prozent. Meine abschließende Aussage: „Wenn Sie bereits ein funktionierendes System haben, warum wollen Sie es dann ändern?" Sie stimmte meiner Aussage zwar zu, den lukrativen Auftrag bekam ich dennoch nicht. Ehrlich währt halt doch nicht immer am längsten. Ich hätte ihr viel lieber ein teures Modell verkaufen sollen, welches sich hochwissenschaftlich anhört und somit schwer angreifbar ist. Das ist jedoch nicht mein Stil. Ich fand, diese Firma machte bereits extrem viel richtig. Warum also diesen funktionierenden Prozess verändern? Selbstverständlich müssen langfristig zusätzliche Kriterien für die Auswahl angegeben werden. Für den konkreten Fall hätte Menschenkenntnis gereicht. Doch genau hier stehen wir wieder unter dem Verdacht der Unprofessionalität. Anscheinend gibt es in uns verwurzelt einen tiefen Drang, Rationalität und Logik an den Tag zu legen. Deshalb rationalisieren wir emotionale Elemente im Bewerbungsgespräch im Nachhinein über folgende Elemente: Zertifikate, Qualifikationen oder besondere Gewichtung von Kompetenzen. Emotionen entfalten ihre Wirkung auf subtile Art und Weise. Sie schwingen immer in der einen oder anderen Form beim Entscheidungsprozess mit und werden in den seltensten Fällen sichtbar gemacht.

Stellen Sie sich bitte vor, Sie haben zwei Bewerber für ein und denselben Arbeitsplatz. Der eine Bewerber hat Zertifikate und glänzt mit fachkundiger Kompetenz. Doch er schafft es nicht, eine Beziehung zu Ihnen aufzubauen. Er ist schlicht und einfach nicht sympathisch. Vielleicht sogar arrogant. Oder er vermittelt einfach Werte, für die Sie selbst nicht stehen. Unter Umständen erinnert er Sie an jemanden, der Ihnen total unsympathisch war oder ist. Für viele Elemente der Antipathie kann der vor Ihnen sitzende Bewerber wahrscheinlich gar nichts, und dennoch fühlen wir unter Umständen so negativ.

Dem anderen Bewerber fehlt das eine oder andere Zertifikat und er ist nicht überall sattelfest bei der Beantwortung der Fragen. Doch er ist humorvoll. Sie lachen gemeinsam. Über Humor erscheint er Ihnen sympathisch und andere Dinge treten plötzlich in den Fokus. Die Gewichtung für ihren Auswahlprozess verändert sich schlagartig. Sie fühlen sich einfach wohl in der Gegenwart dieses Bewerbers. Sie haben einfach ein gutes Gefühl bei ihm. Nicht mehr und nicht weniger. Der Fokus richtet sich plötzlich weg von den Kompetenzen hin zu seiner sympathischen Persönlichkeit. Wen werden Sie nun nehmen? Um die Entscheidung zu rationalisieren, hört wir dann folgende Aussagen: Fehlende Zertifikate kann man nachholen.

Man kann beinahe alles lernen, außer ein angenehmer Mensch zu sein, heißt es. Doch genau dies behaupte ich! Es *ist* erlernbar, besser anzukommen und beliebt zu sein. Dazu benötigen Sie glücklicherweise kein außergewöhnliches Talent. Sie brauchen jedoch den Mut, Ihre Schwächen nach außen zu tragen. Im Idealfall, sich über sie lustig zu machen.

Kürzlich sprach ich mit einem Personalentscheider über Nervosität im Bewerbungsgespräch. Ich wollte wissen, ob Nervosität hinsichtlich der Entscheidung ein Problem für den Bewerber darstelle. Der Personalentscheider mag jedoch Bewerber, die nervös sind. Das zeige doch nur, dass sie mit vollem Herzen bei der Sache sind. Außerdem sei er selbst immer nervös, wenn es um etwas geht. Sie sehen: Schwächen verbinden uns.

Was für das Bewerbungsgespräch gilt, gilt ebenso beim Kauf von teuren Schuhen. Dabei rationalisieren wir im Nachhinein ebenso: „Dafür habe ich sie dann länger" usw. Sie kennen bestimmt auch einige Beispiele für dieses Phänomen des Ausweichens von Nachkaufdissonanz. Als Kaufreue wird die Unsicherheit des Kunden nach Abschluss des Kaufprozesses bezeichnet. Größtenteils geht es um Zweifel am emotionalen Nutzwert der Leistung oder des Produkts oder der Person. Deshalb besteht bei uns der Drang nach Rationalisierung, um von der emotionalen Ebene nicht enttäuscht zu werden.

Zwei Forscher der Universität von Washington – Chad Higgins und Timothy Judge – gingen dem Thema der Mitarbeiterselektion genauer auf den Grund. Werden Bewerber eher nach rationalen oder nach emotionalen Kriterien bewertet? Dazu der Verhaltenspsychologe Richard Wiseman in seinem Buch „Wie Sie in 60 Sekunden Ihr Leben verändern": „Es gab nur einen wichtigen Faktor, nämlich ob der Kandidat ein angenehmer Mensch zu sein schien. Denjenigen Kandidaten, die es geschafft hatten, sich einzuschmeicheln, wurde mit hoher Wahrscheinlichkeit eine Stelle angeboten."

Die Theorie sagt also, dass wir uns einschmeicheln sollen. Doch wie können wir dies umsetzen, ohne uns beim Gegenüber anzubiedern? Wie können wir uns selbst treu bleiben? Wie schaffen wir diesen „Sprung" zum Gegenüber? Im nächsten Kapitel finden Sie erste Antworten zu diesem Thema.

Schwächen bleiben Schwächen und werden deshalb zu Stärken

„Erzählen Sie mal: Was sind Ihre Stärken und Schwächen?" Bestimmt kennen Sie diese Frage, die in Bewerbungsgesprächen aus strategischen Gründen gerne eingesetzt wird. Unter Umständen wird von Ihnen verlangt, über Ihre Stärken und Schwächen zu reden. Es fehlt vielen Menschen bereits schwer, über ihre Stärken zu reden, der Umgang mit den eigenen Schwächen soll den wahren Charakter des Menschen zum Ausdruck bringen – ähnlich wie der Punkt der Gehaltsverhandlung. Natürlich können Sie das gesamte Gespräch über täuschen und tarnen. Sie können lügen, bis sich die Balken biegen. Beim Thema Geld und den eigenen Eigenschaften sollte dann aber Schluss sein. Jetzt werden Sie einwenden, dass Sie gerade bei Ihren Stärken und Schwächen schwindeln können. Selbstverständlich können Sie dies, jedoch wird man Ihnen im Probemonat auf die Schliche kommen. Im Bewerbungsgespräch geht es nicht wirklich um die Stärken und Schwächen an sich, sondern um die Art und Weise, wie Sie sich dabei präsentieren, wenn Sie darüber reden. Kleinigkeiten können dabei entscheiden: wenn Sie zum Beispiel den Blickkontakt abbrechen oder vermehrt Selbstberührungen auftreten. Genau solche Gesten entscheiden darüber, ob Ihnen wirklich geglaubt wird und ob

Sie Sympathie ernten oder nicht. Gelingt es Ihnen, den Draht zu Ihrem Gesprächspartner herzustellen, stellen Schwächen kein Problem dar. Ich gehe sogar noch weiter und sage: Bitte stellen Sie über Schwäche die Stärke der Sympathie her.

Wie kann dies nun konkret funktionieren? Welche Schwäche eignet sich, in einem ersten Kennenlernen preisgegeben zu werden? Eine sehr delikate Angelegenheit. Bereits zu Beginn des Gesprächs entscheidet sich, ob wir unser Versprechen transportieren können oder nicht. Deshalb würde ich nicht die tiefsten Tiefen meiner Seele enthüllen. Es reicht beispielsweise das Ansprechen der eigenen Nervosität. Ganz aktiv. Bitte nicht so tun, als hätten Sie alle Ihre Gefühle unter Kontrolle. Das macht Sie nicht zwingenderweise sympathisch. Nervosität ist ein Gefühl, welches jeder nachvollziehen kann, und deshalb schafft es Nähe.

Von folgender Strategie rate ich jedoch dringendst ab: Im Umgang mit Schwächen wird oftmals geraten, solche auszuwählen, welche in Stärken umgewandelt werden können. Es wird also empfohlen, Schwächen zu schwächen, um sie in einen anderen Fokus bringen zu können.
Beispiele:
- Ich bin perfektionistisch – ich bin sehr sorgfältig in meiner Art, Dinge anzugehen.
- In einem Konflikt beziehe ich nicht gerne Stellung – ich bin sehr diplomatisch in meiner Vorgehensweise.
- Ich bin überpünktlich – daher meist vor dem Chef im Büro.
- Ich bin zu hilfsbereit – ich bin ein waschechter Teamplayer.
- Ich stehe nicht gerne im Mittelpunkt – ich bin ein Teamplayer und konzentriere mich auf meine Kernaufgaben.

Es gäbe noch weitaus mehr Beispiele. Diese Vorgehensweise funktioniert jedoch nicht mehr. Weshalb? Weil diese Strategie schon seit Jahren bei den Personalentscheidern – mehr oder weniger erfolgreich – angewandt wird. Die Taktik der „Schwächen-Schwächung" ist einfach schon zu bekannt, um außergewöhnlich gute Dienste leisten zu können.

Geben Sie bei Google den Satz: „Schwächen als Stärken nutzen" ein, dann erhalten Sie über 8.000.000 Treffer. Diese Methode ist schon lange kein Spezialwissen mehr, sondern bereits als Allgemeinwissen einzustufen. Die Recruiter warten nur auf den Einsatz dieser Strategie. Ich weiß nicht, wie es Ihnen geht, aber ich möchte alles sein, nur nicht berechenbar. Wenn ich diese Taktik anwende, gleiche ich tausend anderen. Nicht dass das unbedingt schlecht wäre, aber mein persönlicher Anspruch ist ein anderer. Ich möchte herausstechen aus der Masse und eben nicht ausgetretene Pfade gehen. Für alle, die Einheitsbrei von sich geben und ja nicht auffallen wollen, ist das eine tolle Strategie. Deshalb kann ich nur empfehlen, tunlichst von ihrem Gebrauch Abstand zu nehmen. Wissen ist immer dann wertvoll für die Besitzenden, wenn möglichst wenige daran partizipieren. Ich weiß, diese Meinung ist nicht populär, doch, zu Ende gedacht, einfach logisch. In jedem NLP-Seminar lernen Sie das Spiegeln des Gegenübers, um emotionale Nähe aufzubauen. Stellen Sie sich vor, diese Taktik wenden fortan ganz viele Menschen an. Wer spiegelt dann wen? Wer war der „Erstspiegler"? Diese Taktik verspricht umso weniger Erfolg, je mehr Menschen davon wissen und dieses Wissen anwenden. Was es braucht, ist ein individualisierbares Konzept, wie es die Selbstironie ermöglicht. Jeder Mensch bringt seine eigene, unverwechselbare Geschichte mit, welche es wert ist, gehört und entsprechend präsentiert zu werden.

Mit Kreisen erfolgreich – links- und rechtsdrehend
Schauen Sie bitte auf das Cover des Buches. Was sehen Sie da? Einen über beide Ohren lachenden Smiley. Richtig. Wobei, er hat keine Ohren, egal. Ist er perfekt gezeichnet? Nein. Er kommt etwas schlampig daher. Er weist, obwohl er rund ist, Ecken und Kanten auf. Finden Sie nicht? Das ist natürlich kein Zufall. Auch den ausführenden Grafiker trifft keine Schuld. Dieser Kreis soll ein Ensō symbolisieren. Es ist ein Zeichen aus der japanischen Kalligrafie, welches für Stärke, Eleganz, Erleuchtung und die Leere des Universums steht. Es besteht eine enge Verknüpfung zum Zen-Buddhismus. Hier stellt es sogar ein heiliges Symbol dar, mit welchem Zen-Meister ihre Schriften unterzeichnen.

Künstler malen diesen Ensō, um die Beschaffenheit des eigenen Bewusstseins darzustellen. Dieses Symbol sieht natürlich bei jedem Menschen anders aus. Mal wird es mit Öffnung gezeichnet, mal ohne. Wir können nur sicher sein, dass es sich von anderen unterscheiden wird. Jedes Ensō ist somit so individuell wie jedes Leben. Der wichtigste Aspekt dabei: Es gibt keinen „perfekten" Kreis. Er ist untrennbar mit dem Leben des Malenden verbunden, wie ein Fingerabdruck.

In der japanischen Ästhetik wird ein zu großer Wohlklang von Harmonie oder Makellosigkeit absolut abgelehnt. Nach dieser Theorie geht es um die Nichtbeherrschbarkeit oder Kalkulation der Realität. Es gibt einfach keine absolute Vollendung in der Welt. Keine absolute Symmetrie. Wir streben in unserer Selbstdarstellung jedoch genau in diese Richtung und werden damit Schritt für Schritt obgleich der Unerreichbarkeit immer frustrierter. Wir streben nach Elementen, die in der Natur überhaupt nicht existieren. Was jedoch existiert, ist Balance.

Der Weg in Richtung Perfektion oder Vollkommenheit endet in einer Sackgasse. Im schlimmsten Fall im Perfektionismus. Der Autor Raphael M. Bonelli zeigt in seinem Buch „Perfektionismus: Wenn das Soll zum Muss wird", welche Blüten diese Philosophie tragen kann. Getrieben von einer inneren Unruhe, alles mit dem höchsten Anspruch an sich selbst zu erledigen, wird das Leben für die Betroffenen zur Qual. Noch schlimmer: In den letzten Jahren scheint es massiv zuzunehmen, dass Menschen sich gehetzt und getrieben fühlen. Das legt uns zumindest die Forschung nahe. Perfektion setzt voraus, dass wir unser Leben und unser Umfeld vollends kontrollieren können. Da wir keine Wahrsager sind und wir immer auf unsicherem Boden Entscheidungen über unsere Zukunft treffen, wird das wohl nichts werden.

Viel adäquater ist es, diese Unsicherheit und Unkontrollierbarkeit zu akzeptieren. Kommen Sie ins Handeln.

Kampf der Normalität

Was hat Mathematik, genauer gesagt Statistik, mit Sympathie zu tun? Sehr viel. Keine Angst, ich werde keine ellenlangen Funktionen zum Besten geben. Dazu wäre ich intellektuell nicht in der Lage. Glücklicherweise ist dies aber auch gar nicht notwendig. Dennoch kann ich aus diesem speziellen Modell der Mathematik etwas über Sympathie herauslesen.

Vielleicht haben Sie schon vom berühmten Mathematiker Carl Friedrich Gauß gehört. Er ist der (Er-)Finder der Gauß'schen Glockenkurve. Diese besagt nichts Geringeres, als dass es bei der Auswertung von Messeinheiten im Regelfall zu einer Normalverteilung kommt.

Diese Werte können aus den unterschiedlichsten Bereichen stammen. Was bedeutet dies konkret? Am besten, wir füllen die graue Theorie mit bunter Praxis. Nehmen wir das Beispiel des Intelligenzquotienten. Die Masse der Werte wird im Punktebereich von 90 bis 110 zu finden sein. Laut Gauß'scher Glockenkurve werden in etwa 68,27 % in einem gewissen Abstand um den absoluten Mittelwert zu finden sein. Somit relativ ähnlich intelligent sein. So weit, so unwichtig. Wie bereits weiter oben erwähnt, interessiert uns der Durchschnitt nicht wirklich. Viel interessanter sind die übrigbleibenden 31,7%. Knappe 16% sind somit wesentlich intelligenter bzw. wesentlich unintelligenter als der Durchschnitt.

Ich denke, Sie verstehen, worauf ich hinauswill. Es ist diese Abweichung vom Durchschnitt, die uns besonders macht. Es ist genau diese Abweichung vom Durchschnitt, welche wir selbstironisch verwerten können. Vielleicht ist der eigene Intelligenzquotient nicht das beste Beispiel. Vielleicht ist die eigene Körpergröße oder die eigene Körperfülle besser zu verarbeiten. Nehmen wir an, die europäische Frau ist im Schnitt 1,68 Meter groß. 68,27% in etwa werden entweder acht Zentimeter kleiner oder größer sein. Die Größe in diesem Abstand vom absoluten Mittelwert stellt somit nichts Außergewöhnliches dar. Alles, was darüber bzw. darunter ist, weicht genug von der Norm ab, um selbstironisch darauf einzugehen. Freuen Sie sich darüber, wenn Sie von diesen Durchschnittswerten abweichen! Wenn wir ganz ehrlich sind, wollten wir doch immer besser sein als der Durchschnitt. Das können Sie auch weiterhin wollen und es ist ein toller Antrieb in vielen Bereichen. Doch um Sympathie aufzubauen, sind „unterdurchschnittliche" Leistungen genauso wichtig. Die Art und Weise des Einsatzes ist wichtig.

Der klassische Umgang mit dem Makel legt folgende Vorgehensweise nahe: kaschieren, täuschen, tarnen. Männer, die kleiner als der Durchschnitt sind, haben des Öfteren ein Problem damit. Mit Größe werden Macht und andere Elemente vermittelt. Man(n) versuchte, diesen Umstand mit höheren Absätzen zu umgehen. Man(n) macht sich bewusst länger, indem man(n) vermehrt auf Zehenspitzen steht. Man(n) zieht längsgestreifte Hemden an, um größer zu wirken. Diese Strategie hat jedoch einen gewaltigen Haken: Diese Männer wirken um keinen Zentimeter größer. Jeder sieht es, jeder weiß es. Und dennoch versucht man(n), nicht darüber zu reden. Mein Vorschlag geht nun in die genau entgegengesetzte Richtung. Machen Sie aus Ihrem scheinbaren Manko eine Stärke. Zeigen Sie wahre Größe. Nicht, indem Sie sie verschweigen oder verschleiern. Sie deuten bitte aktiv darauf hin und machen sich lustig darüber. Lösen Sie Humor aus. Der Körpersprachenexperte Stefan Verra macht dies beispielsweise, indem er sich selbst als Gartenzwerg bezeichnet. Klein, aber oho, sag ich da nur. Hape Kerkeling bezeichnet sich selbst in seinem Buch „Ich bin dann mal weg" als untrainierten Moppel und macht darüber hinaus sehr viele Anspielungen auf seinen maroden Trainingszustand.

Verlieren Sie niemals den Humor in Bezug auf sich selbst. Lachen Sie lieber selbst über sich, bevor andere es tun. Übrigens, haben Sie gewusst, dass Sie morgens nach dem Aufstehen bis zu drei Zentimeter größer sind als am Abend vor dem Zubettgehen? Schuld daran ist ein von unseren 23 Bandscheiben verschuldeter Schrumpfungsprozess. Durch die vertikale Belastung unseres Bewegungsapparates am Tag wird Flüssigkeit aus den Bandscheiben gedrückt. Kleine Menschen, die Größe zeigen wollen, sollten sich deshalb am Morgen messen lassen.

Mit dieser Strategie können beide Extremwerte zum Näheaufbau beitragen. Der größte Mann, der je gemessene wurde, war der Amerikaner Robert Pershing Wadlow mit sagenhaften 272 Zentimetern. Der kleinste Mann der Welt war der Inder Gul Mohammed. Dieser war lediglich 57,15 Zentimeter groß. Beide sind natürlich am absolut äußersten Rand der Gauß'schen Glockenkurve angesiedelt. Sie benötigen glücklicherweise nicht diese extremen Ausprägungen, um sich über sich selbst lustig zu machen. Ein kleiner Tick „Anderssein" genügt. Falls Sie in keiner

Ausprägung Ihres Lebens über- oder unterdurchschnittlich sind – was ich nicht glauben kann –, dann machen Sie sich über Ihre Durchschnittlichkeit lustig.

- „Laut Statistik bin ich durchschnittlich groß, aber leider überdurchschnittlich schwer."
- „Wenn ich durchschnittlich lange in einem Geschäft verharre, warum gebe ich dann überdurchschnittlich Geld aus?"
- „Mein Body-Mass-Index befindet sich jenseits von Gut und Böse."
- „Ich bin laut Statistik absolut durchschnittlich intelligent, aber mache dafür überdurchschnittlich viele Fehler. Erstaunlich."

Sie sehen, mehrere Wege führen nach Rom beziehungsweise ins Herz Ihres Gegenübers. Weitere Beispiele zu diesem Thema folgen im Laufe des Buchs.

Das Tal der Tränen – der Gipfel der Freude

Die höchste Resonanz bei meinen Vorträgen bekomme ich nicht, wenn ich erzähle, wie schnell ich mein Studium absolviert habe. Auch der sehr gute Notendurchschnitt wird kaum registriert. Die höchste Resonanz bekomme ich zum Punkt meines tiefen Falles. Im Konkreten war das bei mir der Abbruch meines ersten Studiums mit anschließender Tätigkeit als Abwäscher in einem Pub. Das war damals mein Hauptberuf, kein Nebenjob, wie ihn so viele andere Studenten auch machen. Das ist einer der Brüche in meinem Leben, der die Leute in Staunen versetzt. „Vom Tellerwäscher zum Millionär", höre ich dann immer. Das mit dem Millionär hat sich bei mir noch nicht eingestellt. Dafür habe ich aber noch genug Zeit.

Ich habe sicher hunderte Male nach meiner Vorstellung gefragt, was bei den Zuhörern hängengeblieben ist. Es war zumeist genau die beschriebene Situation meines Absturzes. Misserfolge und der humoristische Umgang mit ihnen machen sympathisch. Im Nachhinein kann ich mich darüber natürlich lustig machen, wenn ich erzähle, dass mein Hund die Leine versteckte, da ich achtmal am Tag mit ihm spazieren ging. Zum damaligen Zeitpunkt war es für mich nicht leicht, keinen Lebensplan zu haben und einfach in den Tag hinein zu leben. Aber genau um solche Situationen im Leben geht es. Erfolgsgeschichten hören wir sehr oft. Misserfolge schon seltener. Dabei ist es nicht einmal ein Muss, diese lustig darzustellen, um Verbindung zum Publikum aufzubauen. Eine selbstironische Inszenierung wäre der nächste Schritt. Räumen wir Misserfolgen die Wertschätzung ein, die sie verdient haben. Es soll erzählt werden über sie. Für Ihre eigenen Sympathiewerte sind solche Situationen Gold wert.

Sylvester Stallone, einer der beliebtesten Schauspieler Hollywoods, hat ebensolche Brüche in seinem Leben. Blicken wir nun auf seine Person, sehen wir einen millionenschweren Superstar, der sowohl vor als auch hinter der Filmkamera sehr erfolgreich ist. Er erschuf mit „Rocky" und „Rambo" zwei Figuren, die für die Filmewigkeit sind. Eine Zeit lang war er der bestbezahlte Schauspieler Hollywoods. Er legte eine Karriere hin, die ihresgleichen sucht. Das war jedoch nicht immer so. Bereits der Beginn seines Lebens war alles andere als einfach. Er war eine Zangengeburt. Leider war die Zange defekt. Dies ist auch der Grund für seine Gesichtslähmung, welche ihm das Sprechen schwermachte. Heute sind diese Lähmung und sein daraus resultierender Sprachstil ein absolutes Markenzeichen. Ähnlich wie bei Arnold Schwarzenegger. Dessen Österreich-Englisch-Stil ist markant und merk-würdig. In seiner berühmten Rede „The six rules of success" können wir erkennen, wie Arnold zu seinen Makeln steht. Sie sehen, nicht immer sind Schwächen von

Nachteil. Sylvester Stallone musste einen weiten Weg gehen, um seine Karriere in Gang zu bringen. Er war dabei nicht von Anfang an erfolgreich. Zu Beginn plagten ihn Geldnöte, sodass er 1970 für 200 Dollar in einem Erotikstreifen mitwirkte. Das Drehbuch für „Rocky" schrieb er selbst. Es dauerte jedoch, bis der Film gedreht wurde. Um sich über Wasser zu halten, musste er sogar seinen über alles geliebten Hund verkaufen. Keine Angst, er kaufte ihn sofort zurück, nachdem er die Zusage für den Dreh zu „Rocky" bekam. Der Rest ist Geschichte. „Rocky" erhielt drei Oscars und machte Stallone zu einem reichen Mann.

Dieser Mann hat eine tolle Geschichte zu erzählen. Warum ist diese so dermaßen faszinierend? Nicht wegen der Höhen und Glanzpunkte allein. Nein, die Würze kommt aufgrund der Tiefen. Die Misserfolge sind das wahre Salz in der Suppe, da sie eine emotional verbindende Wirkung zum Gesprächspartner herstellen. Jeder von uns hat schließlich solche Geschichten zu erzählen. Aufgrund der selbst gemachten Erfahrungen können wir uns sehr gut in diese Situationen hineinversetzen.

Welche Täler mussten Sie bis dato durchschreiten, um zu dem Punkt zu kommen, an dem Sie sich nun befinden? Ich wette, dass hier sehr interessante Geschichten darauf warten, erzählt und gehört zu werden.

Der Lauf des Lebens – damit der Lebenslauf nicht davonläuft

Der eigene Lebenslauf gilt als Visitenkarte, mit der wir alle bei Unternehmen, für die wir arbeiten wollen, vorstellig werden. Etliche Mythen ranken sich um den „perfekten" Lebenslauf: Wo soll ich das Bild platzieren? Welchen Gesichtsausdruck soll ich haben? Lächeln mit Zähnen oder ohne? Soll ich ihn mit Farbe gestalten? Wenn ja, welche Farben schmeicheln meiner Person? Sollte er chronologisch aufgearbeitet werden oder rückwärts chronologisch? Dürfen Hobbys angeführt werden und wenn ja, welche machen Sinn? Welche Elemente in meinem Lebenslauf lassen mich interessant und sympathisch wirken? Wie kann ich etwaige Lücken umschiffen, sodass sie nicht auffallen? Viele weitere Fragen stellen sich bei der konkreten Umsetzung.

Ich selbst habe bereits Seminare geleitet, die diesen Themenkomplex mehrere Wochen behandelten. Den einen Weg zum perfekten Lebenslauf, der eine hundertprozentige Trefferquote erreicht, gibt es nicht. Da sind einfach zu viele Variablen im Spiel. Kommt der Lebenslauf überhaupt dort an, wo er soll? Wird er zur verantwortlichen Person weitergeleitet? In welcher Stimmung befindet sich die verantwortliche Person? Wo liegt der Lebenslauf im Stapel? Ist die Stelle, für die ich mich bewerbe, überhaupt noch frei? Eigentlich ist der Bewerbungsprozess insgesamt ein sehr mühsamer und frustrierender, in welchem die Bewerber kaum nützliches Feedback bekommen.

Gegen all diese Variablen können Sie kaum etwas machen, doch einen Tipp kann ich in der Gestaltung des Lebenslaufs geben: Gehen Sie mit Ihren Lücken spielerisch um. Wie das gehen soll? Ich habe sehr viel mit Jugendlichen gearbeitet, die nach der Schule in ein Motivationsloch fielen. Da kam dann schon mal die eine oder andere zeitliche Lücke zusammen. Die Frage ist, wie gehen wir mit diesen Lücken um? Vielleicht haben Sie auch die eine oder andere Lücke in Ihrem eigenen Lebenslauf. Die Zeiten, in denen wir vierzig Jahre bei ein und demselben Unternehmen tätig sind, scheinen vorbei. Ich möchte an dieser Stelle nicht bewerten, ob dies gut oder schlecht ist. Faktum ist, dass sich eine immer größere Menge von Menschen um immer weniger Arbeitsplätze streitet.

Deshalb ist es umso wichtiger, sich Folgendes klarzumachen: Erfolgreich werden vor allem diejenigen sein, die sich als angenehme Menschen positionieren können. Solche Leute stellen die Entscheidungsträger gern ein, andere sprechen gerne von ihnen und empfehlen sie weiter. Ihr Netzwerk wird eine große Rolle spielen, wenn es um Ihren persönlichen Erfolgsweg geht. Und was ermöglicht Ihnen ein gutes Netzwerk? Richtig, Ihre kommunikative Kompetenz. Je sympathischer Sie wirken, desto leichter wird der Aufbau eines tollen Netzwerkes. Natürlich spielen auch Ihre (Aus-)Bildung und Ihre Fähigkeiten eine entscheidende Rolle. Doch oftmals steht diese zu sehr im Fokus, sodass wir die anderen beiden Elemente aus den Augen verlieren. Die Kombination aus allen drei Elementen macht Sie richtig erfolgreich. Mehrere Wege führen dabei nach Rom. Ich bin vor allem für folgenden Weg: Der Schlüssel für emotionale Nähe ist die eigene Fehlbarkeit. Wie gehen wir nun mit eventuellen Lücken im Lebenslauf oder mit vielen Firmenwechseln um? Sind wir offensiv und deuten direkt auf diese Auffälligkeiten hin, ohne einen Hehl daraus zu machen? Oder wollen wir diese Lücken verschweigen und sie mit belanglosem Inhalt füllen? Die Wahl liegt da voll und ganz bei Ihnen.

Einer meiner Klienten war ein Jugendlicher von achtzehn Jahren. Nachdem er mehrere Lehren erfolgreich abgebrochen hatte, bekam er die einmalige Chance, bei einem großen Telefonkonzern in Österreich einen Lehrvertrag als Verkäufer zu ergattern. Dazu musste er unterstützt von einer Power-Point-Präsentation einen Vortrag über sein Leben halten. Eine ganz schöne Herausforderung für einen gerade mal Achtzehnjährigen. Er hatte jedoch Angst, dass sein Notendurchschnitt zu einem Problem werden könnte. Außerdem konnte er eine Lücke von mehreren Monaten nicht schlüssig erklären. In dieser Zeit war er einfach faul gewesen. Er hatte sich lieber mit seinen Freunden im Park getroffen, als eine Arbeit zu suchen. Ich würde es ja „Networking" nennen, wir wollten jedoch nicht übertreiben. Gemeinsam stellten wir eine Power-Point-Präsentation zusammen, in welcher wir schonungslos auf seine damalige Faulheit hinwiesen: „Ich war damals einer der faulsten Schüler unter der steirischen Sonne", prangte groß auf einer dieser Seiten. Bei dem Abschnitt für schulische Erfolge fügten wir einfach eine leere Power-Point-Seite ein und hofften, dass diese Taktik aufgehen würde. Wir beschönigten nichts. Im Gegenteil. Bevor jemand anderes auf seine Fehler und Lücken hinweisen konnte, taten wir das selbst und übertrieben sogar noch ein wenig. Das war charmant und liebenswürdig.

Es wäre ja nun fast wie im Roman, wenn dieser Jugendliche tatsächlich die ausgeschriebene Stelle bekommen hätte, oder? Das Leben hält sich zwar üblicherweise nicht an Romanvorlagen, aber tatsächlich hat er den Job bekommen. Aufgrund seiner schonungslosen Ehrlichkeit in Bezug auf sich selbst. Alle anderen hatten genau die entgegengesetzte Taktik versucht: verheimlichen und beschönigen. 08/15-Strategie, ohne Pepp und ohne Humor.

Selbstironie kann Sie von der Masse abheben. Trauen Sie sich, sie einzusetzen. Und wenn, dann richtig oder gar nicht. Dazu ist viel Vorarbeit und innere Stärke notwendig. Ja, hinter einem Selbstironie-Konzept steckt viel Arbeit. Wenn es so einfach wäre, würde es schließlich jeder machen. Nicht wahr?

Bei diesem Thema fällt mir folgende Geschichte eines Teilnehmers von mir ein: Dieser war über zwölf Jahre (!) nicht mehr am Arbeitsmarkt tätig gewesen. Er sinnierte im Coaching-Gespräch darüber, dass er mit dem heutigen Wissen anders entscheiden würde und das eine oder andere Berufsangebot nun annehmen würde. Ich meinte, dass dieser Wandel sehr löblich sei, uns jedoch keinen Schritt bei der aktuellen Jobsuche weiterbrächte. Bei einer zwölfjährigen Lücke im Lebenslauf macht es sowieso wenig Sinn, diese verstecken zu wollen. Die letzten Jahre war er sehr erfolgreich im Nicht-erfolgreich-Sein. Mit Strategie oder unbewusst, ich weiß es nicht. Auf jeden Fall musste ein Strategiewechsel her. Somit kam ich zum Schluss, er solle den konträren Weg gehen und sich ein wenig lustig über die eigene Situation machen. Ich empfahl ihm, folgenden Satz zu sagen: „Lieber zukünftiger Arbeitgeber, die letzten zwölf Jahre habe ich mich intensiv ausgeruht, um beruflich mit Ihnen ab sofort durchstarten zu können ..." Diese Vorgehensweise ist natürlich keine Jobgarantie, aber auf jeden Fall besser als diese dauernde Jammerei über die Vergangenheit, finden Sie nicht auch? Soll ich Ihnen etwas verraten? Mit dieser Strategie hat er tatsächlich eine Stelle bekommen. So schöne Geschichten kann das Leben schreiben. Muss es aber nicht. Wenn man die richtigen Strategien nicht anwendet ...

Wir haben bereits behandelt, dass es nichts bringt, einfach nur Schwächen als eigentlich positiv darzustellen. Ich möchte sehr gerne einen gänzlich anderen Weg vorschlagen – nämlich Schwächen Schwächen sein zu lassen. Sie wertzuschätzen, denn sie können uns durchaus zum Vorteil gereichen, wie wir bereits festgestellt haben. Das Tolle daran ist, dass wir mit dem Einsatz der Selbstironie keine ausgetretenen Pfade gehen müssen. Wir beschreiten – beinahe – Neuland. Neuland in der Form, dass wir uns nun *bewusst* dem vernachlässigten Thema der Selbstironie widmen. Viele Persönlichkeiten benutzen diese Kommunikationsstrategie bereits sehr erfolgreich. Jedoch größtenteils unbewusst. Wie viel erfolgreicher können wir sein, wenn wir den Fokus nun gezielt darauf richten? Wie viel erfolgreicher können wir sein, wenn wir ein solides selbstironisches Fundament errichten, das nichts und niemand erschüttern kann? Vielleicht übertreiben wir in dem einen oder anderen Punkt sogar und werden dadurch erfolgreicher im Aufbau von Beziehungen. Beziehungen aufzubauen und aufrechtzuerhalten ist in unserer Dienstleistungsgesellschaft die Schlüsselqualifikation schlechthin. Fachliches können wir lernen. Das Gefühl für das Gegenüber, die sogenannte Empathie, ist ebenfalls erlernbar. Jedoch ist es notwendig, dass wir bei uns selbst anfangen. Betrachten wir selbst uns als liebens-*würdig*, bauen wir positive Emotionen zu uns auf. Dann wird sich das Miteinander anders, weil leichter, gestalten. Eine selbstironische Außendarstellung kann enorm hilfreich dabei sein.

Werden Sie zum emotionalen Cliffhanger
Vielleicht kennen Sie den 1993 erschienenen Film mit Sylvester Stallone in der Hauptrolle „Cliffhanger – Nur die Starken überleben". Unabhängig von der Qualität des Filmes halte ich das Überqueren von Schluchten als äußerst passende Metapher für einen Kommunikationsakt. Es dreht sich alles stets darum, dass wir die Klüfte unserer Erlebniswelt überwinden. Außerdem geht es ums Balancehalten, um nicht in den Abgrund des Desinteresses oder der Antipathie abzudriften. Oftmals kann das anstrengend sein. Immer ist es unsicher. Hin und wieder weht uns ein eisiger Wind ins Gesicht. Wir müssen uns auf das Rüstzeug und unsere Ausstattung verlassen können. Ich zeige Ihnen in diesem Kapitel, wie Sie die Hürden zwischen Ihnen und Ihrem Gegenüber dennoch mit Leichtigkeit nehmen können.

Menschen werden voneinander immer nur einen kleinen Bruchteil wissen. Nicht aus Desinteresse am Gegenüber. Es ist einfach unmöglich, die Welt mit den Augen des Gegenübers wahrzunehmen. Eine harte, aber zutreffende Aussage über Kommunikationsrealitäten. Wie komme ich dazu? Die Erfahrungsmuster zwischen Menschen sind einfach zu unterschiedlich. Niemand kann in den Kopf des anderen hineinsehen. Glücklicherweise, das sage ich Ihnen. Doch genau das müssten wir, um den anderen zu verstehen. Somit müssen wir uns in der Einschätzung des Gegenübers damit begnügen, was wir an ihm situativ tatsächlich wahrnehmen. Dabei greifen wir wiederum auf unseren eigenen, höchst individuellen Erfahrungsschatz zurück. Dieser ist, wie eben angemerkt, völlig anderer Natur als bei unserem Gegenüber. Eine Missinterpretation des Gesehenen scheint aus diesem Blickwinkel wesentlich wahrscheinlicher als eine korrekte Einschätzung der Lage. Wir können zwar versuchen, die Welt mit den Augen des anderen zu sehen (= Empathie), nur gelingen wird uns das in den seltensten Fällen. Paradox, aber so ist nun mal die Ausgangslage. Trotz dieser widrigen Umstände gelingt Kommunikation. Dieser Umstand ist das wahrhaft Überraschende.

Dazu ein kleines Beispiel: Ich war vor Kurzem auf einer Publikumsmesse als Aussteller und lernte am ersten Tag einen anderen Aussteller kennen, der sich für unsere Produkte interessierte. Es war ein Küchenverkäufer. Er war mir durchaus sympathisch und meinte, er kaufe unsere dargebotenen Produkte am letzten Tag der Messe. Er wolle die Sachen nicht mitschleppen. Die Veranstaltung dauerte fünf Tage. Bis zum Ende der Messe sah ich ihn nicht mehr. Ich machte mich auf die Suche nach ihm und wurde fündig. Diesmal war er sehr distanziert. Er schaute mich kaum an, sondern betrachtete lieber sein Mobiltelefon. Auf meine Frage, wie es mit einem Kauf meiner Ware aussehe, meinte er leicht verächtlich: „Diese Produkte kannst du dir behalten, die brauche ich nicht!" Er verhielt sich wie ausgewechselt und war mir mit einem Schlag total unsympathisch. Hatte er mir am ersten Tag etwas vorgespielt? Zeigte er nun sein wahres Gesicht? Ich ärgerte mich total über sein Verhalten, bis ich einen anderen Verkäufer desselben Standes traf. Der teilte mir mit, dass die Küchenverkäufe sehr schlecht waren und mein Gesprächspartner keine Küche verkauft hatte. Das erste Mal in seiner Karriere als Verkäufer. Dass er nicht wirklich gut aufgelegt und in Kaufstimmung war, versteht sich nun von selbst. Mit dieser Information wandelte sich meine Meinung über ihn auf ein Neues. Nun war ich beinahe versucht, ihm nichts mehr verkaufen zu wollen, sondern etwas zu schenken. Diese Zusatzinformationen erhalten wir normalerweise leider nicht. Wir tappen einfach im Dunkeln. Wir müssen uns auf unseren eigenen Erfahrungsschatz in ähnlichen Situationen verlassen. Mehr an Rüstzeug haben wir nicht zur Verfügung.

Die Elemente, die wir am Gesprächspartner wahrnehmen, bilden lediglich einen kleinen Ausschnitt seiner gesamten Persönlichkeit. In Wahrheit ist es nicht einmal ein kleiner Ausschnitt. Tatsächlich wird der Wahrnehmungsfilter von unseren eigenen Erfahrungen und Stimmungen geprägt. Wir nehmen uns eigentlich selbst wahr. Nicht einmal wir selbst kennen alle Aspekte unseres eigenen Selbst.

Wenn wir allerdings selbst so wenig über uns wissen, wie sollen dies andere Menschen bewerkstelligen? Zumal diese eine völlig andere Ausgangssituation mitbringen: andere Gene, andere Erziehung, anderer Erfahrungsschatz, andere Talente und Vorlieben, andere Stimmungsbilder uvm.

Was wahrgenommen werden kann, sind *Worte, Taten, Körpersprache* etc. Und selbst diese können fehlinterpretiert werden.

Was nicht (direkt) wahrgenommen werden kann, sind *Motive, Glaubenssätze, Werte, Ziele, Emotionen, Erfahrungen, Hoffnungen, Talente* usw. Allein diese Aufzählung zeigt, wie das Verhältnis zu Sicht- und Wahrnehmbarem zu Unsichtbarem und Unbewusstem aussieht. Viel weniger Aspekte der uns gegenüberstehenden Personen sind direkt erfassbar. Vieles interpretieren und schätzen wir ganz einfach auf der Basis unseres eigenen Erfahrungsschatzes und unseres eigenen Stimmungsbildes. Das macht natürlich unser Gegenüber ebenso. Angesichts dieser unterschiedlichen Ausgangspositionen grenzt es manchmal an ein Wunder, dass wir uns überhaupt einigermaßen verständigen können.

Dies bedeutet, zwischen uns Menschen herrschen allerlei Unsicherheiten und Interpretationsspielräume. Wir bewegen uns stets auf unbekanntem Terrain, wenn wir mit Personen kommunizieren. Wäre es da nicht außerordentlich nützlich, eine Technik an die Hand zu bekommen, welche Sympathie wahrscheinlicher macht?

Und diese gibt es. Doch zuvor müssen wir uns ansehen, welche Persönlichkeitselemente ausschlaggebend für die Überbrückung dieser Klüfte zwischen uns sind. Wir wollen schließlich nicht in den Abgrund stürzen. Ich gebe Ihnen im Folgenden ein Modell an die Hand, welches Ihr Schutzgeschirr beim Überqueren der Klüfte darstellen soll. Es soll zu Ihrem Kompass werden, wie Sie andere Menschen sehr schnell, sehr gut einschätzen können. Welche sind die Bedürfnisse des Gegenübers und wie können wir sie befriedigen? Natürlich erkläre ich auch, weshalb selbstironisches Vorgehen so gut funktioniert. Vielleicht sollte ich es folgendermaßen ausdrücken: Selbstironie kann sehr gut funktionieren, wenn Sie einige Elemente bei der konkreten Anwendung beachten.

Alles beginnt und endet mit einem Krokodil ... doch später dazu mehr.

Die Macht des Makels

Verwundbarkeit als Schlüssel zur Sympathie

„*Ein Krieger steht nicht für Perfektion oder Sieg oder Unverwundbarkeit – er steht für absolute VERWUNDBARKEIT – das ist die wahre Tapferkeit.*" Kein Zitat drückt meine Meinung über Erfolg und Misserfolg im sozialen Miteinander besser aus als dieser Satz aus dem Film „Der Pfad des friedvollen Kriegers". Es ist eine Verfilmung der Lebensgeschichte von Dan Millman, in welcher der Hauptakteur ein sehr erfolgreicher Turner auf dem Weg nach Olympia ist. Seine großen Ziele und Träume werden von einem Motorradunfall und von seinem Ego durchkreuzt. Sein Bein ist zertrümmert und er leidet psychisch sehr an den Folgen dieses Unfalls. Diese Achterbahn der Gefühle muss Dan nicht allein durchleben. Er wird durch seinen Mentor unterstützt, welchen er Sokrates nennt (sensationell verkörpert durch Nick Nolte).

Am emotionalen Höhepunkt des Films sagt Sokrates den oben zitierten Satz, der für mich sehr vieles verkörpert, was uns erfolgreich machen kann. Verwundbarkeit zuzulassen ist der Schlüssel. Dazu müssen wir riskieren. Dazu müssen wir unseren Träumen und Wünschen folgen. Und unseren Visionen zu folgen beinhaltet die Möglichkeit, zu scheitern. Diese eigene Verwundbarkeit nach außen zu tragen, das machen die wenigsten. Falls doch, ist es ein Vertrauensbeweis an das Umfeld und ermöglicht emotionale Nähe.

Sehen Sie sich bitte folgenden Vortrag von Timothy Ferriss an: www.youtube.com/watch?v=iPE2_iCCo0w

Auch er zeigt seine Verwundbarkeit, indem er von seinen Ängsten spricht. In diesem speziellen Vortrag zeigt er ein Bild von sich als Dreijährigem. Allein dieser Umstand erschafft so etwas wie eine intime Atmosphäre mit dem Publikum. Er gibt etwas sehr Privates preis. Ein Foto aus seiner Kindheit und seine Verwundbarkeit in Bezug auf das Element Wasser. Ferriss spricht von seinem erlebten Albtraum: Als Kind hatte er einen kleinen Unfall, durch welchen er enorme Ängste, was das Schwimmen betraf, aufbaute. Sei Kopf befand sich längere Zeit unter Wasser. Im weiteren Verlauf des Vortrages erzählte er, wie er es geschafft hat, die Angst zu überwinden und zu einem Schwimmer zu werden, der den Vergleich mit professionellen Schwimmern nicht zu scheuen braucht. Womit er emotionale Nähe zu seinem Publikum herstellt, ist die Zurschaustellung seiner damaligen Verwundbarkeit. Diesen Vertrauensvorschuss in Form der eigenen Verletzlichkeit quittieren die Zuhörer mit Sympathie. Trauen auch Sie sich, einen Vertrauensvorschuss an Ihr Gegenüber an den Tag zu legen.

Ein eigenartiges Plädoyer von mir an dieser Stelle: Geben Sie sich selbst die Chance zu scheitern. Komischer Kauz, dieser Jagersbacher. Der will, dass Sie scheitern. Nein, das möchte ich ganz und gar nicht. Doch wir leben nun mal nicht in einer Zeit, in der jeder bei allem erfolgreich sein kann. Machen wir uns nichts vor. Wir scheitern öfter, als wir erfolgreich sind. Wenn wir allerdings mit dem Wissen an die Dinge herangehen, dass Schwächen und Misserfolge uns zum Vorteil gereichen können, dann verlieren sie vielleicht ihren Schrecken. Denn nur wer öfters wagt, wird die Chance deutlich erhöhen, zu gewinnen: „Nichts geschieht ohne Risiko, aber ohne Risiko geschieht nichts", sagte bereits Walter Scheel.

Ich bin der felsenfesten Überzeugung, dass nachhaltiger Erfolg im Umgang mit anderen auf Sympathie basiert. Was bedeutet Sympathie für Sie? Ist es diese scheinbar grundlose

Zuneigung zu einer anderen Person, welche in eine innere Verwandtschaft gipfelt?

Emotionale Verbindung zu anderen herzustellen und zu halten ist kein einfaches, aber auch kein allzu schweres Unterfangen. Basis ist jedoch eine absolut schonungslose Selbstreflexion. Doch Vorsicht! Sich selbst zu kritisieren oder sich kritisieren zu lassen fällt nicht leicht. Auch mir nicht. Ich selbst werde und wurde berufsbedingt bereits tausende Male kritisiert. Noch immer ist für mich der Umgang mit Kritik kein einfacher. Man will ja alles richtig machen und jedem recht. Wobei, Kritik muss nicht negativ sein. Sie kann ebenso gut positiver Natur sein. Wertschätzendes Feedback der Umgebung kann enorm bei der persönlichen Entwicklung helfen. Deshalb schätze ich Kritik, obgleich ich sie noch nicht lieben gelernt habe. Vielleicht hilft Ihnen dieser neue Fokus der Selbstreflexion und des Feedbacks dabei, sie schätzen zu lernen. Diese neuen Gedanken und Impulse sollen Ihnen dabei helfen, sich den Weg zu einem selbstironischen Konzept zu bahnen. Negatives verliert dann ein Stück weit an Schrecken.

Traditionellerweise versuchen Menschen, ihre Schwächen eher zu kaschieren denn hervorzuheben. Ein Bewerbungsgespräch wird mit dem Ziel, perfekt zu sein, einstudiert. Es soll immer die Schokoladenseite in den Vordergrund gebracht werden. Im Verkaufsgespräch soll es niemals zum Zweifel an der Integrität des Verkäufers kommen. Ein Lehrer muss immer so tun, als würde er alles wissen. Manager sollen immer so tun, als würden sie zu jedem Problem die passende Lösung haben – Ähnliches gilt für Politiker. Bei einem Candle-Light-Dinner will einer den anderen davon überzeugen, die perfekte Wahl zu sein. Schwächen, Fehler oder Makel selbst anzusprechen wird tunlichst vermieden. Würde man meinen. Ich war schon immer jemand, der diesbezüglich gerne gegen den Strom schwamm und gesellschaftliche Konventionen hinterfragte. Sehr oft nicht erfolgreich. Doch in diesem Fall habe ich sogar die Wissenschaft auf meiner Seite. Wie genau, entnehmen Sie bitte den nächsten Kapiteln.

Abseits der Trampelpfade – Schwächen mit Stil

Ein Ziel vieler Menschen ist es, ihrem Gegenüber möglichst wenige Angriffsflächen zu bieten. Sie wollen den Schein der Unfehlbarkeit wahren. Um jeden Preis. Wie wir wissen, liegt aber Perfektion sowieso immer im Auge des Betrachters. Jeder hat andere Ansprüche an sich und seine Umwelt. Perfektes Agieren als objektiven Wert gibt es nicht. Stets spielt die eigene Persönlichkeit und ihr Erfahrungsschatz die entscheidende Rolle in der Wahrnehmung darüber, wie optimales Handeln auszusehen hat. Darüber hinaus leitet das Ziel der Perfektion uns in die Irre, da es uns emotional weg vom Gegenüber führt. Wir gaukeln uns diese Dinge vor, anstatt einfach zu sagen: „Ja, ich habe Stärken, aber ich habe auch Schwächen, zu welchen ich stehe."

Deshalb schlage ich folgenden Pfad vor, der uns emotional näher an unseren Kommunikationspartner bringt: Ich möchte, dass Sie sich mit Ihren Schwächen auseinandersetzen und sie für sich nutzbringend anwenden. Schwächen hat doch jeder, wenn wir ganz ehrlich sind. Selbst die Schönen und Reichen aus Hollywood haben Makel und Laster, die sie selbstironisch verwerten können.

Haben Sie beispielsweise gewusst, dass der beliebte Schauspieler Ashton Kutcher zwei zusammengewachsene Zehen hat? Das ist ein Makel, welchen er nun wirklich sehr leicht verschleiern könnte. Tut er aber nicht. Ganz im Gegenteil. Er zeigt diesen „Schönheitsfehler" sehr gerne in Talkshows. Das macht ihn sympathisch. Indirekt beweist er dadurch Größe. Viele weitere berühmte Beispiele belegen das.

Meine Grundthese lautet: *Die Wenigsten finden Perfektion sympathisch.* Schon gar nicht zur Schau gestellte Perfektion, denn diese vermittelt Arroganz. Arroganz bringt uns emotional nicht näher zueinander. Stellen Sie sich den absolut perfekten Menschen vor. Ohne Makel, ohne Ecken und Kanten. Was würden Sie von ihm halten? Wäre er für Sie ein Vorbild oder kämen sofort Bedenken, wie man nur so perfekt sein kann? Da muss es doch einen Haken geben. Niemand ist perfekt. Niemand ist ohne Fehl und Tadel. Was bedeutet es überhaupt, perfekt zu sein? Vielleicht strahlt so eine Person auch nur Arroganz aus? Arroganz erzeugt jedoch emotionale Distanz und diese brauchen wir in den wenigsten Situationen. Weder im Bewerbungsgespräch noch in einem Vortrag noch beim ersten Date und schon gar nicht in einem Verkaufsgespräch. Und warum ist das eigentlich der Fall?

Weil wir uns in unserem eigenen Status nach unten gesetzt fühlen, wenn jemand arrogant erscheint. Wir fühlen uns nicht auf gleicher Ebene mit dem Gegenüber. Wir fühlen uns vielleicht auch ein wenig eingeschüchtert. Nicht zu hundert Prozent wertgeschätzt. Das ist kein angenehmes Gefühl. Auf der Basis dieses Gefühls lässt sich schwer emotionale Nähe herstellen.

Ähnliches gilt für vorgegaukelte Perfektion. Diese schafft Unnahbarkeit. Wer nur die positiven Seiten seines Lebens in den Vordergrund rückt, gerät in Verdacht, gewisse Elemente seiner Person unter den Tisch fallen zu lassen. Dies ist keine gute Voraussetzung für eine sympathische Selbstdarstellung. Die Positionierung der eigenen Persönlichkeit hat einen dramatischen Einfluss auf die Beziehungsebene der Kommunikation. Diese Beziehungsebene funktioniert dann wie ein Filter, durch welchen die Informationen erst durch müssen. Dabei werden sie emotional eingefärbt. Das wirkt sich natürlich auf die Interpretation des Gesagten aus. Das Gespräch entwickelt sich unter Umständen in eine ganz andere Richtung, als wenn uns das Gegenüber sympathisch wäre. Sicher nicht zu unserem Vorteil. Sympathie wirkt wie ein Filter. Sind Sie mir wohlgesonnen, interpretieren Sie auch meine Aussagen viel wohlgesonnener. Es ist wie bei einem Autokauf. Wenn Sie sich für eine gewisse Automarke interessieren, werden Sie im täglichen Verkehrsstrom genau diese herausfiltern: „So viele Käufer können einfach nicht falsch liegen. Deshalb muss ich mir schleunigst auch diese Marke zulegen." Unser Hirn sucht aktiv nach Elementen im Realitätsfluss, welche unsere Thesen stützen. Gleiches gilt für die Sympathie. Ist diese erstmal hergestellt, wird das Gespräch so gefiltert, dass der vorangegangene Eindruck bestärkt wird. Leider funktioniert dies in die umgekehrte Richtung ebenfalls. Antipathie filtert ebenso, sodass wir uns Gewissheit darüber verschaffen können, dass diese Person tatsächlich unsympathisch ist.

Eigentlich wollen wir das genaue Gegenteil – nämlich emotionale Nähe und Sympathie. Diese erhalten wir jedoch nur, wenn das Gegenüber einen Menschen mit Ecken und Kanten wahrnimmt. Und dazu gehören ganz einfach Fehler. Makel, offensichtliche wie auch nicht offensichtliche, sind wie das Salz in der Suppe. Sie machen interessant und bleiben hängen. Das Schöne dabei: Sympathie ist beeinflussbar über diese Elemente. Sie entscheiden, ob Sie sympathisch ankommen wollen beim Gegenüber.

Ich empfehle, Menschen anhand bestimmter Kriterien zu beobachten, die erfolgreich mit ihrer Strategie sind. Seit dem Beginn meiner Erwachsenenbildungskarriere schaute ich mir das eine oder andere von bereits erfolgreichen Trainern ab. Doch etwas ohne persönliche Note einfach abzukupfern führt nur zu einer billigen Kopie. Und das wollen Sie doch nicht. Das haben Sie gar nicht nötig. Wie bereits weiter oben angedeutet, ist das Kopieren der erste Schritt ins Tun. Entscheidend sind die darauffolgenden Schritte. Entwickeln Sie stets einen eigenen Stil, der Sie merk-*würdig* erscheinen lässt. Im positiven Sinne natürlich. Das gilt besonders im Umgang mit der Selbstironie. Das Konzept der Selbstironie schätzt diese individuelle Geschichte jeder Person. Nur mit selbst erlebten Geschichten, mit selbst gemachten Fehlern und mit wirklich vorhandenen Makeln wirkt man authentisch. Jede dieser Geschichten ist es wert, erzählt zu werden. Mit all ihren Facetten.

Das Tolle ist, dass Sie keine ausgetrampelten Pfade gehen müssen, sondern Ihren eigenen Pfad erschaffen können. Ich sehe dies als außergewöhnliche Chance. Die Geschichte jedes Menschen ist doch aufregend und individuell. Ein geschätzter Trainerkollege meinte einmal, jeder Lebenslauf sollte eine Erfolgsgeschichte sein. Unternehmen wollen Gewinner und Erfolge. Vielleicht ist es an der Zeit, eine Misserfolgsgeschichte zu schreiben, um Erfolg beim Gegenüber einfahren zu können. Das meine ich ernst. Trauen Sie sich, anders zu sein. Stets streben wir nach Differenzierungsmöglichkeiten. Marken trachten danach, sich von anderen zu unterscheiden. Menschen streben danach, nicht in der Masse unterzugehen. Ironischerweise verfolgt die Mehrheit dies mit der immer gleichen Strategie der perfekten Selbstdarstellung.

Das Scheitern dieser Strategie ist sehr leicht anhand von Produkten erklärbar. Eine der erfolgreichsten österreichischen Firmen ist Red Bull. Unabhängig davon, was man von dieser Marke hält, ist sie zweifelsfrei erfolgreich. Die Firma erschuf mit den Energygetränken ein völlig neues Marktsegment. Milliarden verkaufte Dosen rufen Nachahmer auf den Plan. Viele wollen am Kuchen dieser Getränkesparte mitnaschen. Doch auch nach etlichen Angriffen auf den Marktführer ist klar: Red Bull ist und bleibt der Platzhirsch in diesem Segment. Viel intelligenter wäre doch eine Strategie, welche die bestehenden Strategien auf den Kopf stellt. Gleiches gilt für die Darstellung Ihrer Person, Ihres Lebens. Schwimmen Sie gegen den Strom. Dann werden Sie erfolgreich sein.

Es sind keine großen Geheimnisse, über die ich in diesem Buch schreibe. Das Besondere ist der Fokus auf unsere Fehler und Misserfolge. Die persönlichen Schattenseiten von uns allen müssen entsprechend beleuchtet und in Szene gesetzt werden. Ich kann Sie nur inspirieren. Den Weg müssen Sie selbst beschreiten. Probieren, probieren, probieren heißt meine Devise. Nur Übung und ehrliches Feedback macht den Meister, so wie überall im Leben. Talent wird überschätzt, kann jedoch auch nicht schaden. Sagt jemand, der kein Talent für solche Dinge hat. Tatsache ist, ich musste wirklich vieles ausprobieren und die Essenz meiner Erfahrungen erzähle ich Ihnen nun in diesem Buch.

Da ich einen Teil meiner Kindheit und Jugend in England verbracht habe, bin ich dem englischen Humor sehr zugetan. Außerdem hat mich dort das Fußballfieber gepackt und seitdem nicht mehr losgelassen. Was diese beiden Elemente mit Selbstironie zu tun haben? Sehen wir uns zuallererst folgende Aussage an: *„Der Engländer liebt das Gefühl, dass er über sich selbst lachen kann. Er tut das aber nur, um den andern die Freude zu nehmen, über ihn zu lachen."* Dieses Zitat von Peter Alexander Ustinov dürfte nicht nur auf Engländer zutreffen.

Ein ehemaliges Mitglied des österreichischen Fußballnationalteams beschrieb mit einem Satz, wie man mit einer äußerst schwierigen Situation umgehen kann.

Wir schreiben das Jahr 1999 und das österreichische Fußballnationalteam liegt zur Halbzeit hoffnungslos 5:0 zurück, als der Verteidiger Anton Pfeffer zur Halbzeitanalyse gebeten wurde. Als Antwort auf die Frage, was man sich von der zweiten Hälfte vom österreichischen Team noch erwarten kann, meinte Anton Pfeffer souverän: „Hoch werden wir dieses Spiel wohl nicht mehr gewinnen!" Dieses Statement ist sogar in seinem Eintrag auf Wikipedia zu finden, übrigens auch auf YouTube, googeln Sie einfach nach YouTube, Anton Pfeffer und den legendären Spruch. Kürzlich wurde dieser Satz in der Halbzeitpause bei der WM zwischen Brasilien und Deutschland zitiert (Pausenstand: 5:0 für Deutschland).

Jemand, der bei der WM 2014 in Brasilien gar nicht dabei war, ist für mich persönlich der größte Gewinner im amerikanischen Fußball. Es handelt sich um Landon Donovan. Seines Zeichens (Ex-)Fußballrekordnationalspieler der USA. Mit 57 Länderspieltoren ist er Rekordtorschütze der US-Nationalmannschaft und mit 157 Länderspielen liegt er auf dem zweiten Platz der US-Nationalspieler. Für diese WM war er vom Teamchef Jürgen Klinsmann leider nicht einberufen worden.

Herr Donovan ging mit dieser Situation allerdings mehr als souverän um. Er zeigte Flagge und dies auf besondere Art und Weise. Nachdem er es im realen Leben nicht mehr werden konnte, kürte er sich mittels Computerkonsole zu einem Weltmeister. In einem Werbespot für den Computergameentwickler EA Sports zeigt er ganz großes Kino. Der Slogan des Games ist genial: *Always in the game.* Die Selbstironie, auf die er sich mit diesem Spot einlässt, und wie er so auf seine Nichtnominierung eingeht, ist ganz großes Kino. Man sieht, wie Landon Donovan aufwacht und sich Frühstück zubereitet. Mit einem Bademantel bekleidet, tänzelt er in aller Ruhe zu seiner Spielkonsole. In einem virtuellen Fußballspiel krönt er sich schließlich mit der Nationalmannschaft zum Weltmeister und hat dabei ein Liedchen auf den Lippen: „I am not going to Brazil".

Sehen Sie selbst:
www.youtube.com/watch?v=4KKgR5YWmYg

Wie könnte Herr Donovan noch reagieren? Er könnte in Interviews über den Teamchef vom Leder ziehen. Er könnte in Talkshows gehen und über sein Leid klagen. Er könnte den Fußballgott um Hilfe anflehen. Er könnte sich als Opfer der Umstände positionieren und Mitleid beim Publikum schinden. Doch all das macht Herr Donovan nicht. In Wahrheit ist diese selbstironische Vorgehensweise die beste Art, mit persönlichen Misserfolgen und Niederlagen umzugehen. Noch ein Vorteil dieser Strategie ist die Unangreifbarkeit seiner Person durch die Presse. Der Protagonist dieser vorgestellten Geschichte beweist sogar, dass er daraus noch Kapital schlagen kann. Chapeau! Mehrere Fliegen mit einer Klappe geschlagen. Jammern kann jeder. In schwierigen Situationen einen kühlen Kopf bewahren, das können nur sehr wenige. Diese Vorgehensweise zeigt eine innere Stärke, welche sich umgehend positiv auf die Umgebung auswirkt.

Diese Beispiele veranschaulichen eindrucksvoll, wie Sie mit Fehlern bzw. mit Ihrer eigenen Persönlichkeit in schwierigeren Momenten umgehen können. Es zeugt doch von enormer Größe, wenn Sie sich über sich selbst ein Stück weit lustig machen können. Damit machen Sie sich ebenfalls ein wenig kleiner, als Sie tatsächlich sind. Denken Sie an Sokrates. Diese Kommunikationsstrategie hat nichts von ihrem Reiz und von ihrer Wirkung verloren. So ein Vorgehen baut emotionale Nähe auf und diese können wir in den unterschiedlichsten Situationen nutzen.

Ich untersuche in diesem Buch die Macht des Makels und vor allem die Macht der Selbstironie. Richtig eingesetzt hat die selbstironische Vorgehensweise eine ungeheure Kraft und Anziehung. Charisma, Selbstvertrauen und Durchsetzungsvermögen sind leichter erreichbar, wenn Sie sich mit den Ecken und Kanten des eigenen Ichs auseinandersetzen. Ohne Licht gibt es keinen Schatten. Ohne Yin kein Yang und ohne Hinz kein Kunz. Ohne Julia kein Romeo. Ich glaube, Sie verstehen, worauf ich hinaus will.

Selbstironie ist jedoch mehr als eine Strategie, um Dinge leichter zu erreichen. Für mich stellt sie sogar eine Philosophie dar. Doch jede Weltanschauung beginnt und endet mit dem Blick auf das eigene Ich: „Nur die allergescheitesten Leute benutzen ihren Scharfsinn zur Beurteilung nicht bloß anderer, sondern auch ihrer selbst", formulierte es Marie Freifrau von Ebner-Eschenbach treffend. Menschen, die vor allen anderen sich selbst anhand unterschiedlicher Kriterien kritisch reflektieren, haben am Ende des Tages die Nase vorn. So einfach und zugleich schwer ist diese Vorgehensweise. Denn, wie gesagt, wir wollen halt auch dorthin sehen, wo es wehtut.

Königsdisziplin Selbstironie

Übertreibung ist das neue Understatement – Was Arnold Schwarzenegger und Rainer Calmund gemeinsam haben
Bei der Suche nach Strategien, welche Sympathien erhöhen, war es für mich naheliegend, Strategien von bereits erfolgreichen Menschen zu untersuchen. Wer eignet sich da besser als Promis, die jeder aus Funk und Fernsehen kennt? Schließlich benötigen wir eine gemeinsame Basis, auf der wir weiterarbeiten können. Sie müssen natürlich nicht internationale Stars und Sternchen unter die Lupe nehmen. Manchmal ist der beliebte Arbeitskollege auch ein gutes Untersuchungsbeispiel. Doch leider können Sie meine netten Arbeitskollegen und ihr Verhalten nicht beobachten, außer Sie kommen zu mir in die wunderschöne Südsteiermark. Falls Sie das in nächster Zeit nicht vorhaben, können wir uns über allseits bekannte Promis verständigen. Wir müssen uns zuallererst darüber einigen, worauf ich prinzipiell hinauswill. Das Umlegen dieser Gedanken auf die eigene Person ist dann der nächste Schritt.

Starten wir also mit einem Prominenten, der vor allem in Deutschland bekannt und beliebt ist. Er war Fußballmanager, Unternehmer und ist derzeit gerade TV-Gourmetkritiker. Vielleicht wissen Sie schon, wen ich meine. Genau, von Rainer Calmund ist die Rede. Er ist bereits seit mehreren Jahrzehnten erfolgreich im Showbusiness. Jeder kennt ihn, viele lieben ihn.

Obgleich in vielen Büchern über Ausstrahlung George Clooney oder Barack Obama als Paradebeispiele zelebriert werden, halte ich „Calli" entgegen. Was haben diese drei Personen gemeinsam? Warum kommen Sie bei einer Vielzahl von Menschen an? Warum wirken sie sympathisch, obgleich sie auf den ersten Blick unterschiedlicher nicht sein könnten? Spannende Fragen, auch für Ihre kommunikative Zukunft.

Schauen Sie gelegentlich den Spot von EDEKA mit dem deutschen Schwergewicht in der Hauptrolle an und Sie werden erahnen, was ihn so sympathisch für einen Großteil der Zuschauer macht.

www.youtube.com/watch?v=I51YlrpDobU

Wir sehen einen kleinen Jungen, der neben seiner schwangeren Mutter in einem Geschäft vor der Fleischtheke steht. Bei dem Blick auf Mamas Schwangerschaftsbauch fragt er: „Ist da wirklich jemand drin?" Mama bejaht und Rainer Calmund tritt an die Theke heran. Ungläubig schaut der Junge auf dessen Bauch und fragt seine Mutter: „Und was kriegt der?" Was macht Rainer Calmund nun eigentlich sympathisch? Wie sieht die Struktur der Sympathie bei ihm aus? Herr Calmund macht in diesem Spot keinen Hehl aus seinem Hobby – essen und davon reichlich. Das Ergebnis dieses Hobbys sehen wir an seinem Körperumfang. Bei dieser Fülle macht es natürlich auch keinen Sinn, diese wegzudiskutieren oder zu verstecken. Er zelebriert seine vermeintliche „Schwäche" und macht sie zu einem seiner wichtigsten Punkte im Eigenmarketing. Im EDEKA-Spot wird er mit einer hochschwangeren Frau verglichen. Wenn er nicht absolut selbstbewusst wäre, würde er das nicht tun. Er sagt von sich ja auch, dass er „positiv bekloppt" sei. Calmund hat die Größe, sich kleinzumachen. Im wahrsten Sinne des Wortes. In der beliebten Koch-Arena, in welcher „Calli" bereits seit 2007 Jurymitglied ist, wird er als Dessert-Gott bezeichnet. Angst müssen die Teilnehmer der Sendung vor allem haben, wenn sie an der Menge der dargebotenen Speisen sparen. Im Dessertgang ist das eine Todsünde, welches vom Dessert-Gott mit Grimm bestraft wird, und zwar in Form von geringen Punktezahlen.

Er hat mit seiner Art, sich zu inszenieren, definitiv die Sympathien auf seiner Seite. Der Erfolg gibt ihm recht. Schließlich ist er einer der Top-Speaker mit Top-Honoraren im deutschsprachigen Raum. Das kommt nicht von ungefähr. Sympathie folgt einer gewissen Grundstruktur, welche auch für Sie äußerst nützlich sein kann. Doch schauen wir uns einige andere Sympathievorbilder an, um konkreter werden zu können.

„Stärke kommt nicht vom Gewinnen. Deine Kämpfe entwickeln deine Stärke. Wenn du durch schwierige Lebenslagen gehst und entscheidest, nicht aufzugeben, besitzt du Stärke", so beschreibt Arnold Schwarzenegger sein Verhältnis zum Gewinnen.

Stellen Sie sich vor: Ein Weltstar betritt die Bühne, um seinen Doktortitel vor 4.000 Studierenden überreicht zu bekommen, und er beginnt seine Rede mit Witzen über sich selbst. Dieser Weltstar lässt so gut wie kein Fettnäpfchen seiner Karriere aus, um selbst darauf hinzuweisen. Er zeigt mit dem eigenen Finger auf die dunklen Seiten in seinem Leben. Das alles macht er mit einem Lächeln. Wobei ich schon sagen muss – die Dosis macht das Gift. Es ist natürlich kein andauerndes Gagfeuerwerk auf seine Kosten. Das würde ihn der Lächerlichkeit preisgeben. Selbstironie muss auf jeden Fall ein gutes Timing aufweisen. Auch die Intensität darf nicht zu hoch ausfallen. Ansonsten wird das Ganze etwas unglaubwürdig und er stilisiert sich zur Witzfigur. Das wollen wir ja ebenfalls nicht.

Dieses schöne Beispiel, wie es funktionieren kann, lieferte Schauspielstar, Ex-Governor of California, siebenfacher Mr. Olympia, fünffacher Mr. Universum Arnold Schwarzenegger am 15. 5. 2009. Zu diesem Zeitpunkt hielt er eine Rede an der Universität von Südkalifornien anlässlich seiner Doktortitelverleihung. In knapp 23 Minuten zeigt Arnold, wie man mit Ecken und Kanten umgeht.
Hier der Link zur Rede:

www.youtube.com/watch?v=7TEc_qyKQ0c

Kurze Auszüge:
- „Vielen Dank für den Applaus. Ich habe das letzte Mal so einen Applaus bekommen, als ich verkündet habe, mit der Schauspielerei aufzuhören …" – So geht Arnold mit dem Vorwurf um, kein großartiger bzw. äußerst talentierter Schauspieler zu sein.
- „Man fragt mich immer wieder, wie ich es geschafft habe, so erfolgreich zu werden. Ich gebe ihnen immer die Kurzversion: Komm rüber nach Amerika, arbeite deinen Hintern ab und heirate eine Kennedy." – So geht Arnold mit dem Vorwurf um, nur deshalb erfolgreich gewesen zu sein, da er das Netzwerk der Kennedys für sich zu nutzen wusste.
- „Ich erinnere mich noch daran, wie ich herumlief und sagte: ‚Ein guter Wein wächst an der Rebe' (‚A fine

wine grows on the vine.'). Wie ihr sicher bemerkt habt, haben die Deutschen Schwierigkeiten, englische Wörter mit F, W, V und so weiter differenziert auf Englisch auszusprechen. Ich weiß, was einige von euch jetzt bestimmt denken: ‚Hat Arnold wenigstens sein Geld zurückbekommen?'" – So geht Arnold mit dem Vorwurf um, nicht dialektfrei Englisch sprechen zu können. Er hat aus einem scheinbaren Manko, dem österreichisch-deutschen Englischdialekt, eine absolute Marke gemacht.

Wir sehen hier drei – scheinbare – Schwachstellen von Arnold, welche er durch das perfekt eingesetzte Timing der Selbstironie selbst anspricht. Paradoxerweise schwächt er diese, indem er selbst auf sie hinweist. Darüber hinaus schafft er über diese Strategie emotionale Nähe zum Publikum. Humor verbindet eben. Vor allem, wenn es ein auf sich selbst gerichteter Humor ist.

Arnold hätte die Rede auch ganz anders halten können. Er hätte in diesem Augenblick der Verleihung der Doktorwürde all diese Schattenseiten seines Lebens verschweigen können. Er hätte nur auf die Erfolge, die er ja zuhauf vorzuweisen hat, hindeuten können. Doch das passt einfach nicht zu seiner Person. Und vor allem, es erzeugt keine emotionale Nähe. Er weiß ja selbst, dass er sehr erfolgreich ist. Er weiß auch, dass das die anderen wissen. Somit muss er nicht extra darauf hinweisen.

Mit dieser Strategie, den Humor auf sich selbst zu richten, steht Arnold natürlich nicht allein da. Auch der Körpersprachenexperte Stefan Verra wendet diese Taktik erfolgreich in seinen Vorträgen an. Anhand dieses Links können Sie sich auch selbst davon überzeugen:

www.youtube.com/watch?v=8ZwbgWxxQnU

Stefan Verra spielt in diesem Vortrag sehr stark mit seinem allgemeinen visuellen Eindruck. Ein Experte sähe anders aus, so die Meinung über sich selbst. Es ist in diesem Moment nicht ganz klar, was er anspricht: gemeint könnte sein Kleidungsstil sein, seine Größe, sein Haarschnitt. Durch perfektes Einsetzen seines Körpers und seiner Mimik ist es gar nicht wichtig, was er genau meint. Klar ersichtlich für das Publikum ist, dass er klein ist. Also wirklich klein. Weitaus kleiner als der Durchschnitt. Über seine Größe macht er sich am Ende seines Vortrages noch einmal direkt lustig: *„Ich selbst habe zwei Söhne, der Ältere ist schon größer als ich – er ist gerade fünf geworden …"*

Das Entscheidende ist jedoch, wie bei der Schwarzenegger-Rede, der Beginn der Performance. Hier werden Vorurteile und Beziehungen festgelegt. Das Publikum wird quasi auf den Vortragenden „eingeschwungen". Zeigt der Vortragende, wie in Stefan Verras Fall, Humor in Bezug auf sich selbst, dann schafft er emotionale Nähe und Sympathie beim Publikum. Doch nicht nur der Beginn allein ist entscheidend für die Wahrnehmung des Vortrages. Auch das Ende ist von Bedeutung. Es wäre doch zu schade, wenn er das Publikum gut eingeschwungen hätte, jedoch am Ende das Publikum völlig ernst entlässt. Er ergreift die Möglichkeit, dem Vortrag nochmals seinen selbstironischen Stempel aufzudrücken. Der erste Eindruck zählt und der letzte Eindruck bleibt hängen.

Eine kleine Randnotiz von mir in diesem Zusammenhang: Emotionale Nähe zum Publikum hat nicht nur Vorteile. Wer sich darauf einlässt, lädt das Publikum indirekt ein, Grenzen zu überschreiten. Stellt der Vortragende eine ernsthafte Frage, könnte der eine oder die andere es als Einladung sehen, eine komische Bemerkung zu rufen. Das passiert Ihnen nicht, wenn Sie auf emotionale Distanz abzielen. In diesem Fall ist es von Vorteil zu wissen, wie Sie mit solchen Rufen umgehen.

Durch die emotionale Kontaktaufnahme mit dem Publikum kann Stefan Verra mit seinem Publikum auch härter ins Gericht gehen. Es wird ihm kaum etwas krumm genommen. Bei einer Übung gleich zu Beginn fordert er jede Person im Publikum auf, sich selbst anzusehen, bis zum Bauch, denn: „... *da gibt's eh viel zu sehen* ..." Was behauptet er da? Dass so manch einer im Publikum wohlgenährt sei. Natürlich spaßeshalber, dennoch. Hätte er sich zu Beginn seines Vortrags nicht selbst auf die Schaufel genommen, dann wäre dieser Scherz womöglich nach hinten losgegangen. Stellen Sie sich nur vor, Stefan Verra betritt die Bühne, mustert das Publikum und kommt zu dem Schluss: „Ich hatte schon ein schlankeres Publikum ..." Da würde vermutlich keiner lachen. Wie wir sehen, ist Timing beim Einsatz selbstironischer Strategien alles.

Die Reaktion des Popstars Robbie Williams kann man ebenfalls als Beispiel für eine selbstironische Strategie nehmen. Eines seiner offensichtlichen Mankos war der Jo-Jo-Effekt seiner Figur. Mal war er sehr trainiert, manchmal ließ er sich gehen. Der Oasis-Sänger Liam Gallagher beschimpfte ihn in der britischen Presse als „fette Tunte". In seinem letzten musikalischen Werk „Swings Both Ways" widmete Williams diesem Thema einen eigenen Song. Es gibt eben keine direkte Abrechnung mit Gallagher, sondern eine indirekte. Der Titel des Songs lautet: „No One Likes a Fat Popstar". Diese Reaktion lässt den Oasis-Sänger natürlich alt aussehen. So geht man mit den eigenen Makeln um. Bravo, Herr Williams. Rückenwind hat er natürlich auch durch seine Millionen an verkauften Platten.

Wer zu spät kommt, den bestraft die Zeit – Wann der richtige Zeitpunkt für Schwächen ist
Kennen Sie dieses Sprichwort: Der erste Eindruck zählt und der letzte Eindruck bleibt? Genauso verhält es sich beim Timing, um Schwächen zu erwähnen. In einem Bewerbungsgespräch ist es eine viel bessere Strategie, die eigenen Fehler oder Unzulänglichkeiten gleich zuzugeben. Die Bombe sollte möglichst zu Beginn platzen. Andernfalls kommt der Gesprächspartner später darauf zu sprechen.

„Lieber Arbeitgeber, ich bewerbe mich bei Ihrem Unternehmen um die ausgeschriebene Stelle. Mir ist klar, dass ich schon längere Zeit vom Arbeitsmarkt fern bin. Da gibt es auch nichts zu beschönigen. Ich habe einfach einige Fehlentscheidungen getroffen. Aus genau diesen habe ich jedoch auch gelernt und diese Weiterentwicklung möchte ich sehr gerne in Ihrem Unternehmen unter Beweis stellen."

„Lieber Arbeitgeber, ich bewerbe mich um die ausgeschriebene Stelle Ihres Unternehmens. Wie Sie sehen, habe ich eine Menge an Kompetenzen, welche ich sehr gerne in Ihrem Betrieb zur Anwendung bringen möchte."

„Lieber Arbeitnehmer, sehr schön. Ich habe Ihren Lebenslauf durchgesehen und mir sind einige Ungereimtheiten aufgefallen. Die letzten fünf Jahre haben sich mir nicht wirklich erschlossen. Was meinen Sie genau mit ‚beruflicher Neuorientierung'? Sie haben ja nicht wirklich gearbeitet. Was ist das Ergebnis dieser Neuorientierung? Klären Sie mich bitte auf. Was wurde darüber hinaus gemacht? Man kann sich doch nicht fünf Jahre lang orientieren. Das ist ein Prozess, der zwar dauert, aber nicht dermaßen lange."

Anhand dieser Beispiele sehen Sie, wie schnell es gehen kann, in eine Rechtfertigungsposition gedrängt zu werden, aus welcher es kein Entrinnen mehr gibt. Eleganter ist natürlich, selbst auf die eigenen Lücken hinzuweisen.

Das oben Geschriebene gilt sowohl für die Situation im Privatleben wie die des Bewerbungsgesprächs als auch für eine Präsentation. Je schneller Sie Schwächen zugeben oder selbstironisch wirken, desto besser. Warum? Weil Sie Ihr Gegenüber auf Ihre Persönlichkeit einschwingen. Sie stecken quasi proaktiv das gemeinsame kommunikative Feld ab. Orientierung ist alles im Gespräch und diese bieten Sie Ihrem Gegenüber. Sie überlassen die Einschätzung Ihrer Persönlichkeit nicht dem Zufall. Weshalb auch? Mit dem Instrument der Selbstironie können Sie absolut strategisch vorgehen.

Die Konstante des frühestmöglichen Einsatzes von Selbstironie können Sie bei verschiedensten Persönlichkeiten nachverfolgen. Diese Strategie funktioniert nicht nur in Präsentationen, Gesprächen oder Vorträgen, sondern auch in Büchern, in denen der Autor mit seinen Leserinnen und Lesern in Kontakt kommen möchte.

Timothy Ferriss macht dies beispielsweise in seinem Bestsellerbuch „Die 4-Stunden-Woche" ganz zu Beginn mit folgenden Worten: „1977: Da ich sechs Wochen zu früh geboren werde, gibt man mir nur eine zehnprozentige Chance zu überleben. Doch ich schaffe es und werde so fett, dass ich mich nicht auf den Bauch rollen kann. Eine Muskelschwäche in den Augen lässt mich in unterschiedliche Richtungen blicken, und meine Mutter nennt mich liebevoll ‚Thunfisch'. So weit, so gut." Das Entscheidende ist wahrlich das Timing. Timothy beginnt sein Buch mit diesen Sätzen. Für die Leserinnen und Leser ergibt sich aus diesen Sätzen Orientierung. Gewisse Erwartungen werden geweckt: Der Autor erzählt Persönliches, humoristisch untermalt. Die Leserinnen und Leser erwarten, dass es in dieser Tonart weitergeht. Diese Erwartung an den Text ist dann auch dafür zuständig, dass die Chancen steigen, tatsächlich humorvoll und locker wahrgenommen zu werden. Eine selbsterfüllende Prophezeiung also wieder. Die Buchkäufer entscheiden, ob das Buch weitergelesen wird oder nicht. Insofern macht diese selbstironische Darstellung Sinn:

Wenn der Autor sympathisch erscheint, kann nicht mehr viel schiefgehen. Tim Ferriss ist natürlich nicht der Einzige, der mit selbstironischen Zügen zu Beginn punktet. Wir sehen Parallelen zu der Rede von Arnold Schwarzenegger („The six rules of success") oder zu Stefan Verras Auftritt bei GedankenTanken. Ein weiteres Beispiel liefert Sir Ken Robinson auf Ted.com, der sich in einem Vortrag von 2008 über seinen Beruf bzw. seine Berufssparte lustig macht: „Stellen Sie sich vor, Sie sind auf einer Dinner-Party und Sie erzählen, dass Sie im Bildungswesen tätig sind ... Offen gesagt, wenn Sie im Bildungswesen tätig sind, dann werden Sie nicht oft auf Dinner-Partys eingeladen ..." Es ist kein Zufall, dass dieser Vortrag als einer der 20 beliebtesten auf Ted.com gewählt wurde. Mit seinem schwarzen britischen Humor nimmt er sich selbst nicht allzu ernst. Die Mischung aus Unterhaltung und Unterricht funktioniert hier perfekt. Wenn Sie diesen Speak selbst sehen möchten, folgen Sie bitte diesem QR-Code oder tippen Sie den Link ein.

www.ted.com/talks/ken_robinson_says_
schools_kill_creativity

Sogar wissenschaftliche Studien unterstützen meine Thesen vom Konzept der Selbstironie als Sympathieträger. Richard Wiseman beschreibt in seinem Buch „Wie Sie in 60 Sekunden Ihr Leben verändern", wie in den 1970er Jahren der Frage auf die Spur gegangen wurde, wann man im Gesprächsverlauf am besten auf die eigenen Fehlleistungen hinweist. Die Psychologen Edward Jones und Eric Gordon von der Duke University untersuchten, wann ein persönliches Geständnis eher auf Verständnis stößt. Versuchspersonen wurde ein

Tonband vorgespielt, auf welchem ein Mann erklärte, dass er ein halbes Jahr nicht zur Schule gegangen war, weil er bei einem Betrug ertappt worden war. Eine Gruppe der Zuhörer vernahm das Geständnis zu Beginn der Tonaufnahme und eine andere am Ende. Der Mann wurde durchwegs als sympathischer empfunden, wenn das Geständnis zu Beginn erfolgte. Später anschließende Forschungen bestärkten dieses Ergebnis eindrucksvoll. Diese Resultate sprechen eindeutig dafür, dass es in Gesprächen, in denen Sie Sympathie erringen wollen, besser ist, keine Zeit zu vergeuden und rasch auf eigene Makel hinzuweisen. Das muss man sich erstmal trauen, da stimme ich zu. Doch wir sind nun mal keine fehlerlosen Roboter und genau dies muss auch vermittelt werden.

Warum gewinne ich eigentlich mehr Sympathie, wenn ich früh im Gesprächsverlauf auf meine eigenen Schwächen hinweise? Anscheinend wird etwas mitgeliefert, das nicht direkt kommuniziert wird. Wenn Ihr Arbeitskollege ehrlich und schnell zugibt, dass er mit einer ihm übertragenen Aufgabe überfordert ist, dann werden Sie ihm vermutlich schnell und verständnisvoll unter die Arme greifen. Schließlich haben Sie bestimmt auch schon am eigenen Leib erfahren, wie es ist, sich überfordert zu fühlen. Darüber hinaus wird Charakterstärke, Integrität und Offenheit signalisiert, wenn ein Kollege Unwissenheit offen zugibt. Er vertraut sich damit seinem Gegenüber an.

Leider ist jedoch eine andere Vorgehensweise en vogue: auf gar keinen Fall die eigene Unsicherheit oder das fehlende Wissen zuzugeben. Einfach drauflosarbeiten und hoffen, dass uns keiner auf die Schliche kommt. Fliegt dennoch auf, dass wir überfordert waren, geraten wir in eine Rechtfertigungsposition. Vielleicht reagieren wir wütend, weil wir ertappt wurden. Das Gegenüber kann dies schnell falsch interpretieren. Wie auch immer das Ergebnis schlussendlich aussieht, wir hätten uns viel Energie gespart, wenn wir gleich offen mit unseren Schwächen umgegangen wären.

Sexy Selbstironie – Mehr Erfolg bei der Partnersuche
Eine Studie der Universität New Mexico mit dem schillernden Titel „Sich selbst schlecht machen: Die sexuelle Anziehungskraft des selbstironischen Humors" behauptet, dass Männer mit selbstironischen Zügen bei der Partnersuche unschlagbare Vorteile gegenüber ihren Konkurrenten haben. Hin und wieder dürfen Männer also Witze auf eigene Kosten machen. Diese Strategie gereicht ihnen sogar zu einem unschlagbaren Vorteil. Die vorgetragene Selbstironie macht sie sympathischer und sexuell attraktiver: „Humor ist bekanntermaßen für Frauen sexuell attraktiv, aber wir haben herausgefunden, dass Selbstironie dabei die attraktivste Art von Humor ist", sagte Gil Greengross, Leiter des Forscherteams von der Universität von New Mexico. (Diese Studie bietet also eine wissenschaftliche Untermauerung meines selbstironischen Fokus. Zumindest, wenn es um die Partnersuche geht.)

Dies funktioniert jedoch nur, wenn der Mann gleichzeitig – indirekt, niemals direkt darauf hinweisend – einen hohen sozialen Status vermittelt. Das widerspricht jetzt meinen vorherigen Worten, meinen Sie? Ich dachte dies anfangs ebenfalls. Doch was ich ausdrücken will, ist Folgendes: Das Gegenüber muss erkennen, dass wir die Aussagen nicht wirklich ernst meinen. Das ist das Widersprüchliche an der Situation: Einerseits müssen wir uns „kleiner machen", als wir sind, und dennoch muss erkannt werden, dass dieses „Kleinermachen" nicht ernst gemeint ist. Das ist widersprüchlich, aber genau diese Vorgehensweise funktioniert.

Etwas, wovor ich immer Bammel hatte, waren Redepausen beim ersten Date. Wie kann ich in solch einer Situation selbstironisch das Eis brechen? Vielleicht folgendermaßen:
- „Auch wenn das gerade nicht so aussieht – eigentlich bin ich ein sehr kreativ-kommunikativer Typ."
- „An welchen Film erinnert dich diese Szene? Also mich an: ‚Das Schweigen der Lämmer'"

– „Manchmal dauert es bei mir ein wenig länger, bis ich die richtigen Worte gefunden habe. Ich hoffe, du hast etwas Zeit mitgebracht."

Wenn diese Gratwanderung nicht geschafft wird, verschlimmert sich die Situation in dramatischem Ausmaß. Sprich, Ihr Gegenüber nimmt Sie bei der Darstellung Ihrer Schwächen ernst. Das bedeutet, dass Sie wirklich als Verlierer wahrgenommen werden. Das wollen wir natürlich nicht. Und das ist der Grund, weshalb Sie Ihre Schwächen „größer" machen, als sie sind. Sie übertreiben. Einfach um sicherzugehen, dass dies nicht der Realität entsprechen kann.

Diese Strategie funktioniert nicht nur in der Partnersuche, sondern auch im Kundenservice, im Vertrieb, in der Mitarbeiterführung, in Bereichen, wo Sie Reden halten müssen, oder in einem Small-Talk-Gespräch.

Die Einsatzmöglichkeiten sind schier unbegrenzt. Auf sich selbst gerichteter Humor funktioniert. Er muss jedoch auch zu einem passen. Deshalb ist Selbstreflexion nötig. Die Selbstironie muss persönlicher Natur sein, dann wirkt sie am besten und auch authentisch.

Im Film „Der Pfad des friedvollen Kriegers" klärt Sokrates Dan auf, welches die drei Grundregeln im Leben sind. Nummer zwei davon lautet: *„Bewahre dir deinen Sinn für Humor ... besonders was dich selbst betrifft ... er ist deine unermessliche Stärke."*

Knackpunkt: wohldosierter Einsatz
Nach der sehr positiven Darstellung der Zelebration der eigenen Schwächen, Marotten und Makel muss ich ein wenig auf

die Euphorie-Bremse treten: Wie bei jeder anderen Strategie auch gilt: Es geht um die Art der Anwendung. Um erfolgreich zu sein, ist es wichtig, verschiedene Kriterien bei der Ausführung zu beachten. Sonst dreht sich alles sehr schnell ins genaue Gegenteil dessen, was Sie eigentlich erreichen wollen. Verlieren Sie diesen Faktor deshalb bitte nie aus den Augen. Schnell werden Sie ansonsten zur Witzfigur abgestempelt, wenn Sie es mit dem Humor übertreiben. Er sollte pointiert, zum richtigen Zeitpunkt und wohldosiert zum Einsatz kommen. Natürlich ist es empfehlenswert, wenn der Humor, den Sie nach außen tragen, auch zu Ihnen passt. Wenn Sie von Haus aus eher nicht die Stimmungskanone oder gerne der Mittelpunkt jeder Party sind, dann bringt es nichts, sich dermaßen zu verbiegen und einen Witz auf den anderen folgen zu lassen. Manchmal ist weniger mehr. Da reicht manchmal auch eine einzige Aussage. Wenn Sie jedoch extrovertierter Natur sind, dann können Sie schon des Öfteren humorig agieren. Für die Menge des Einsatzes müssen Sie jedoch selbst ein Gefühl entwickeln. Bitte stellen Sie sich folgende Frage: Wann wird Humor zu aufdringlich? Ja, das gibt es. Sie kennen vielleicht auch diese Art von Menschen, welche dauernd einen Witz auf den Lippen haben. Was rede ich? Dutzende von Witzen werden da nacheinander in die Runde geschleudert. Es geht – wie immer im Leben – um die richtige Balance.

Als Beispiel für den Flirt- und Ironiefaktor in der oben genannten Studie wird der britische Schauspieler Hugh Grant genannt. Die Haltung von Hugh Grant zu sich selbst spiegelt sich am besten in einer seiner Aussagen wieder: „Man sagt, Schauspielerei basiere darauf, vergangene Emotionen aus seinem Innersten hervorzuholen; ich habe jedoch keine erwähnenswerten Emotionen." Damit deutet er indirekt an, dass er kein guter/ernstzunehmender Schauspieler sei. Gepaart mit einem Lächeln und einer dennoch sicheren Körpersprache wirkt die Botschaft inkongruent und funktioniert genau deshalb. Dies ist der Schlüssel. Absolut inkongruentes Verhalten:

Er sagt etwas, meint es jedoch nicht ernst. Dieses paradoxe Verhalten muss so vorgetragen werden, dass es als solches erkannt wird. Ob die Botschaft richtig angekommen ist, erkennen Sie hoffentlich durch ein Lächeln beim Gegenüber. Lachen ist das Feedback, nach welchem wir suchen müssen. Ihr Gegenüber wird dann ebenso viel gesprächsbereiter und kooperativer.

Selbstironie darf niemals isoliert wahrgenommen werden. Der Empfänger der Nachricht muss verstehen, dass die Aussage humoristisch gemeint ist. Wie schaffen Sie das? Indem Sie übertreiben und dennoch souverän wirken. Bauen Sie in Ihre Kommunikationsmuster einfach Brüche mit diesen eigenhumoristischen Anekdoten ein. Dezent und dosiert. Niemals zu viel, denn sonst wirkt es kabarettistisch. Das Gespräch kann durchaus komödiantische Züge annehmen, doch ist es wichtig, dass es immer auch ernste Seiten zeigt, um nicht abzudriften. Licht und Schatten müssen sich abwechseln. Die Spannung, welche dadurch erzeugt wird, wirkt.

Es funktioniert auch sehr gut, einen Spannungsbogen mit rhetorischen Fragen aufzubauen. In sehr heißen Räumen bringe ich manchmal diesen Satz: „Kennen Sie den Moment, in welchem Ihr Deo versagt?" – Pause – „Genau diesen habe ich vor 30 Sekunden erlebt." Lachen und zustimmendes Kopfnicken ist dann meist die Reaktion auf diese Anspielung. Meine Teilnehmer rechnen überdies nicht mit so einer Aussage. Ich habe den Überraschungseffekt auf meiner Seite und nun ihre ungeteilte Aufmerksamkeit. Darüber hinaus kommen sofort eigene Anekdoten zu dem Thema und wir sind mitten drin im Training. Es wird etwas indirekt angesprochen, was sich viele denken: „Pfuh, es ist heiß hier drinnen." Genau diesen Umstand können Sie benutzen, um sich selbst ein wenig auf die Schippe zu nehmen.

Die Vorgehensweise muss natürlich auf das Publikum abgestimmt werden. Vor einem Expertengremium an einer Universität würde ich diesen Satz vermutlich nicht zum Besten geben. In anderen Situationen passt er wieder. Warum eigentlich? Sie glauben gar nicht, wie redselig die Menschen beim Thema Schweiß werden. Beinahe jeder hat eine Meinung zu diesem Phänomen oder eine lustige Geschichte. Und geht es eigentlich nicht in Wahrheit darum? Nein, ich meine nicht Schweiß. Ich meine, andere Menschen ins Gespräch zu involvieren?

Noch so ein heißes Smalltalk-Thema, zu dem fast jeder was zu sagen hat: Zecken. Versuchen Sie es bitte selbst. Ähnlich wie beim Schweiß-Thema: Beinahe jeder kennt jemanden, der von einer Zecke gebissen wurde. Vielleicht sogar die angesprochenen Personen selbst. Oder ihr Tier hatte des Öfteren ein Problem mit ihnen. Sie werden erstaunt sein, was Ihre Gesprächspartner alle preisgeben werden. Ich bin selbst immer wieder erstaunt.

Also ich würde vielleicht die eben erwähnten beiden Themen beim ersten Date unter den Tisch fallen lassen. Beim zweiten Treffen sieht die Sache dann natürlich wieder anders aus. Da sind Sie ja schon ein wenig aufeinander „eingeschwungen", wie ich das so gerne bezeichne. Sie wissen voneinander – in etwa –, was Sie kommunikativ zu erwarten haben. Da können Sie schon ein Späßchen mehr wagen. Für das erste Date reicht auch das Ansprechen der eigenen Nervosität – ohne Schweiß. Oder das Ansprechen des eigenen Unwohlseins in einer Gesprächspause, wenn Sie sich gerade in einer solchen befinden. Sie werden vermutlich etwas ansprechen, was sich beide denken. Und können dann darüber schmunzeln. Der Körpersprachenexperte Stefan Verra praktiziert eine solche Vorgehensweise in seinen Vorträgen, wenn er vom Publikum etwas verlangt, wie zum Beispiel, dass alle sich aus ihren Sesseln erheben. Er quittiert diese Aktion sehr gern mit folgenden Sätzen und mit einem Lächeln auf den Lippen: „Schon wieder so ein ‚Mitmach-Seminar'. Das haben wir jetzt noch gebraucht. Furchtbar."

In Steve Jobs berühmtester Rede an der Stanford University kommt Selbstironie nicht zu kurz.

Die ersten Sekunden entscheiden darüber, ob emotionale Nähe oder Distanz kreiert wird. Auch Steve Jobs weist sofort auf einen Makel in seiner Vita hin. Lassen Sie sich das auf der Zunge zergehen: Einer der erfolgreichsten Menschen des Erdballs spricht den eigenen fehlenden Hochschulabschluss an. Wenn Sie es selbst sehen möchten, führt Sie folgender Link oder der QR-Code zu seinem Auftritt:

www.youtube.com/watch?v=b1ozBKH4KKQ

Steve Jobs hätte auch mit seinen beruflichen Erfolgen beginnen können. Tat er aber nicht. Warum eigentlich nicht? Sollen wir uns nicht von unserer Schokoladenseite zeigen? Es ist doch gut, auf seine Stärken und Erfolge hinzuweisen! Das mag sein, doch das macht eben nicht unbedingt sympathisch. Viel besser ist der Weg über Schwächen zur emotionalen Nähe. In verschiedenen Reden berichtete Steve Jobs ebenfalls über seine Misserfolge zu Beginn seiner Karriere. In einer Zeit, als seine Produkte nicht den Weg zum Kunden fanden, sondern es vorzogen, im Laden zu verharren. Seine Stärke und Strahlkraft auf andere hatte Steve Jobs vielleicht auch deswegen, weil er sogar aus Niederlagen etwas Positives herausarbeitete. Folgendes Zitat soll dies verdeutlichen. Jobs machte das Beste aus jeder Situation: „Die Schwere des Erfolghabens wurde ersetzt von der Leichtigkeit, wieder Anfänger zu sein." Sogar dem herannahenden Tod konnte er etwas Erfreuliches abgewinnen: „Keiner will sterben. Leute, die in den Himmel wollen, wollen nicht sterben, um dahin zu kommen. Und doch ist der Tod das Ziel, das wir alle gemein haben. Und das ist so, wie es sein sollte, denn der Tod ist höchstwahrscheinlich die beste Erfindung des Lebens. Er bewirkt den

Wandel. Er entrümpelt das Alte, um Platz zu machen für das Neue." Solche Worte kann nur jemand von sich geben, der sich selbst nicht allzu wichtig nimmt. Dies stellt eine unabdingbare Voraussetzung für Selbstironie dar. Lernen Sie von Steve Jobs und nehmen Sie sich nicht wichtiger als unbedingt nötig. Allerdings auch nicht unwichtiger als unbedingt nötig. Wie immer im Leben: Die richtige Mischung macht's.

Jemand, der in einschlägigen Internetforen als eigentlicher Nachfolger von Steve Jobs gehandelt wird, ist Craig Federighi. Er ist einer der führenden Softwareentwickler bei Apple. Sein Stern ging 2013 bei einer Präsentation auf. Seitdem glänzt er vor allem durch selbstironische Aussagen, seine Haare betreffend. Seine Fönfrisur ist wirklich außergewöhnlich, weshalb er sie firmenintern auch gerne „Hair Force One", in Anlehnung an das Flugzeug des Präsidenten, nennt. Er nimmt sich selbst augenscheinlich wirklich nicht ernst. In einem Video lässt er sich seine Haare sogar mit einer elektrischen Gartenschere stutzen. Beim Publikum ist Federighi genau wegen dieser selbstironischen Gangart sehr beliebt. Mal etwas ganz anderes im Vergleich zu den langweiligen Produktpräsentationen anderer Firmen.

Wie wir gesehen haben, ist die Selbstinszenierung ein sehr heikles Thema in der Kommunikation. Nichtsdestotrotz ist sie entscheidend. Die richtige Balance zwischen Ernsthaftigkeit und Selbstironie zu finden ist eine Herausforderung. Im Zweifelsfall bringen Sie bitte weniger negative Seiten oder selbstironische Aussagen. Pointiert und treffend sollen sie sein. Manchmal ist weniger einfach mehr.

Das Auge isst mit – Wie Sie visuelle Vorurteile ausnützen

Peter Fox, der Frontsänger der Reggae/Dancehall-Gruppe Seeed, hat seit 2002 eine leichte, aber von anderen wahrnehmbare Gesichtslähmung, die er sich durch eine Viruserkrankung zugezogen hatte. „In einer Stadt voller Affen bin ich der King, weil ich mit schiefer Grimasse für die Massen sing", lautet eine Textzeile aus seinem sehr erfolgreichen Soloalbum aus 2008. Sehr souverän, wie er mit seinem vermeintlichen „Handicap" umgeht. Er könnte es auch nicht ansprechen und hoffen, dass es nicht auffällt. Diese proaktive Art, die Gesichtslähmung anzusprechen, ist jedoch bei Weitem die bessere Wahl.

Der erste Sinn, welcher bei einem Treffen angeregt wird, ist der Sehsinn. Damit haben wir die Möglichkeit, über unser visuelles Auftreten zu punkten. Nicht mit Perfektion, sondern mit Kanten und Ecken. Dieser Sinn wirkt wie ein Filter, durch den andere Informationen beeinflusst werden, sofern der Kommunikationspartner natürlich sichtbar ist.

Das Vorurteil bildet sich innerhalb von 0,1 Sekunden auf der Basis des visuellen Eindrucks des Gegenübers. Warum so schnell? Dieser Mechanismus ist Teil unseres evolutionären Erbes. Stellen wir uns mal vor, in der Steinzeit hätten unsere Vorfahren überlegt, ob das auf sie zulaufende Mammut vielleicht doch freundlich ist ... Diese „Art" von Menschen, die auf eine gütliche Lösung mit dem Mammut warteten, gibt es nun nicht mehr. Das Prinzip des „survival of the fittest" hat dazu geführt, dass unser Hirn sehr schnell Entscheidungen trifft. Stellt das Gegenüber für mich eine Gefahr dar oder nicht? Zu Beginn der Menschheit ging es um Leben oder Tod. Deshalb streben wir auch heute noch nach sozialer Orientierung. Sie hilft uns, Struktur in die Welt zu bringen. Der Sehsinn kommt in der Regel dabei sehr früh zum Zug.

Deshalb bietet es sich an, auf visuelle Makel des eigenen Selbst einzugehen. Ich möchte, dass Sie in die Lage versetzt werden, Einfluss darauf zu nehmen, ob Sie sympathisch wahrgenommen werden oder nicht. Dies stellt den ersten Anknüpfungspunkt dar, über welchen sehr schnell

Übereinstimmung und Einsicht erlangt werden können. Vor allem, wenn Sie selbst noch auf gewisse Elemente hinweisen. Wenn ich als Mann schütteres Haar habe, kann es für die Sympathiegewinnung sinnhaft sein, mich darüber lustig zu machen. Visuelle Eigenschaften oder Besonderheiten sind von unserem Kommunikationspartner rasch überprüfbar. In meinem eben genannten Beispiel kann vom Gesprächspartner sehr leicht festgestellt werden, ob tatsächlich Haarausfall vorliegt oder nicht. Ein ganz klein wenig dürfen Sie natürlich auch hier übertreiben. Andere Elemente, wie Ihre Eigenschaften oder Ähnliches, benötigen mehr Zeit, um beurteilt zu werden. Körpersprache und die allgemeine visuelle Erscheinung nehmen deshalb einen großen Teil des Kommunikationsaktes ein. Zusätzlich funktionieren Äußerlichkeiten als Filter, durch welche alle gesagten Dinge beeinflusst werden. Ist jemand korpulenter als der Durchschnitt, dann schreiben andere dieser Person beispielsweise Gemütlichkeit zu. Überdurchschnittlich schönen Menschen sagen wir Vitalität und Gesundheitsbewusstsein nach. Diese Vorurteile müssen natürlich nicht zutreffen, wir brauchen sie jedoch für die eigene Orientierung in Kommunikationsakten.

Sie können somit Ihr visuelles Erscheinungsbild gar nicht wichtig genug einschätzen. Doch ich verlange nun nicht, dass Sie Ihre Schwächen ausmerzen. Ganz im Gegenteil: Betrachten Sie sich einmal selbst im Spiegel. Dabei spielt es keine Rolle, ob der Spiegel optimal ausgeleuchtet ist. Wir benutzen keine schönenden Elemente, kein Photoshop. Sehr wichtig für die Sympathieherstellung ist das Offensichtliche, das sofort Wahrnehmbare. Welche Aspekte Ihres Erscheinungsbildes weichen tendenziell von der Norm ab? Freuen Sie sich sowohl über die positiven als auch die negativen Elemente. Es liegt an Ihnen, welche Sie schonungslos in den Vordergrund rücken. Bitte nicht die positiven allein. Diese Strategie wählt jeder. Seien Sie anders. Denken Sie diesbezüglich anders. Seien Sie selbstbewusst und zelebrieren Sie Ihre Makel. Auch sie tragen dazu bei, dass Sie besonders sind und wirken. Vor allem tun sie eines – sie tragen in besonderem Maße dazu bei, dass Sie sympathisch und merk-*würdig* wirken können. Glauben Sie nicht? Probieren Sie es einfach aus! Es tut nicht weh. Nur am Anfang ...

Überlegen Sie selbst, welche „Schwächen" Sie visuell für sich nutzbar machen können:
- Größe
- Gewicht – dick, dünn
- Haarfarbe – blond, rot etc.
- bei Männern – eventueller Haarausfall, schütteres Haar
- andere leicht zu sehende Makel wie Falten, Schönheitsflecken, Narben, Akne etc.
- große, kleine, krumme Nase, Ohren, Augen, Mund usw.
- Brillen
- schielen
- mimische Besonderheiten (Sylvester Stallone, Peter Fox)
- Haltung
- Eigenarten im Bewegungsstil
- Eigenarten im Kleidungsstil
- Alterserscheinungen
- auffällige Körperbehaarung
- zu hoch tätowierte Augenbrauen (Daniela Katzenberger)
- Zahnlücken, Zahnspangen oder Ähnliches (siehe Jürgen Vogel etc.)
- Verformungen oder vollkommenes Fehlen eigener Extremitäten (fehlende Fingerkuppen, Finger etc.)
- ein Zuviel an körperlichen Extremitäten (ein Zeh zu viel etc.)
- jegliche Asymmetrie im Gesichtsbereich bzw. am Körper
- ...

Genetisch bedingter Haarausfall ist ein Evergreen, welcher vielen Männern zu schaffen macht. Gesellschaftlich ist dieses Phänomen zwar akzeptiert – bei Männern –, dennoch ist die Akzeptanz schwierig.

Der deutsche Keynote-Speaker Tim Taxis gesteht in seinem Buch „Heiß auf Kaltakquise", dass er bereits in der Pubertät mit Haarausfall zu kämpfen hatte. Das ist natürlich in einer sehr frühen Phase des Lebens und alles andere als der Norm entsprechend. Tim Taxis musste sehr an seiner Einstellung zu sich selbst arbeiten, bis er diesen Haarausfall als Teil seiner Person akzeptieren konnte. Mehr noch – er machte ein Markenzeichen daraus. Er spricht nun von seiner „perfekten Kabriofrisur".

Was mit der eigenen Glatze funktioniert, kann man auf die gesamte Liste anwenden. Dabei muss ich mich nicht unbedingt über meine Makel lustig machen. Ein extra Hinweis genügt meistens. Die selbstironische Inszenierung der eigenen Person wäre lediglich die Krönung.

Nehmen wir als Beispiel für diese Art der Selbstdarstellung das eigene Alter. Über den Umstand des Alterns können wir uns nun aufregen, allein, es wird nichts nützen. Deshalb machen wir uns einfach ein wenig lustig darüber. Beispielsweise kann jemand, der stilles Wasser trinkt, sagen: „In meinem Alter muss man sehr vorsichtig sein, wie viel Kohlensäure man zu sich nimmt. Dieses aggressive Zeug." Ich hörte dies von jemandem, der um die vierzig Jahre alt war. Sie bemerken sicherlich den Hang zur Übertreibung.

Beispiel krumme Nase: „Ich hatte schon immer ein goldenes Näschen für Geschäfte. Nun fällt es mir viel leichter, um die Ecke zu denken und zu riechen."

Beispiel fehlende Fingerkuppen: „Ich war handwerklich nie wirklich begabt. Meine Großmutter wollte, dass ich Tischler werde. Da haben wir nun den Salat."

Holen Sie sich Feedback von Menschen ein, welche Sie nicht gut kennen. Bei ihnen ist der Wahrnehmungsfilter noch nicht wirklich durch gemeinsame Erfahrungen beeinflusst. Es kommt eventuell zu einem ehrlicheren Feedback des Gegenübers, nachdem die Beziehungsebene der Kommunikation noch nicht tiefgehend ist. Aber auch Freunde können bei einem aussagekräftigen Feedback helfen. Das Problem könnte lediglich die Angst vor Verletzungen sein. Machen Sie Ihrem Gegenüber deshalb klar, dass das Feedback zu Ihrem Besten ist. Die Frage ist nur, ertragen Sie eine ehrliche Rückmeldung Ihrer Freunde und Bekannten? Sie könnte auf dem Weg zu einem individuell-selbstironischen Konzept Gold wert sein.

Der Erfolg der hohen Augenbraue. Oder: Warum durch Schönheitsfehler Nähe entsteht

Daniela Katzenberger ist ein gutes Beispiel für eine gute selbstironische Inszenierung über visuelle Merkmale. Sie lernten wir in der VOX-Sendung „Goodbye Deutschland" kennen. Ihr Ziel war es damals, für den amerikanischen Playboy fotografiert zu werden. Zu diesem Zweck suchte sie die Villa von Playboy-Gründer Hugh Hefner auf. So weit, so gut.

Merk-würdig wurde sie für uns vor allem wegen ihrer zu hoch tätowierten Augenbrauen. Diese waren gut einen Zentimeter zu hoch in Richtung Stirn angebracht. So blieb sie uns in Erinnerung und der Rest ist erfolgreiche Fernsehgeschichte. Ihr Slogan und später auch der Titel ihres Buchs „Sei schlau, stell dich dumm" zeigte Wirkung. Nun ist sie Testimonial für mehrere Marken, erfolgreiche Buchautorin, Gastronomin in Mallorca und noch immer strahlt VOX Sendungen mit ihr aus. Mittlerweile hat sie sich die Augenbrauen wieder „reparieren" lassen. Dieser visuelle Makel machte sie sympathisch und ist wahrlich eher selten bis gar nicht anzutreffen. Zumindest ich hatte solche Augenbrauen in meinem Leben bis dato nicht gesehen. Keine Angst, ich verlange nun nicht von Ihnen, dass Sie Ihre Augenbrauen entfernen und höher oder niedriger anbringen. Man muss ja nicht um jeden Preis auffallen, richtig? Wenn Sie visuell einfach makellos sind, dann brauchen Sie sich natürlich auch nicht künstlich schlechterstellen, nur um sympathisch zu wirken. Wir finden andere Merkmale, vertrauen Sie mir.

Was ist jedoch der Grund, weshalb diese Art des visuellen Makels beim Publikum Sympathien auslöst? Ich denke, eine passable Antwort gefunden zu haben: Wir fühlen uns einfach wohler, weil wir wissen, dass dieser Mensch im Fernsehen auch mit Allerweltsproblemen zu kämpfen hat. Hand aufs Herz – irgendwie ist es ja auch wirklich lustig, wenn sich jemand die Augenbrauen viel zu hoch tätowieren lässt, oder? Da scheint tatsächlich etwas schiefgegangen zu sein. Oder eher hochgegangen zu sein ...

Wer von uns denkt schon, er sei perfekt? Also ich kenne keinen, der das von sich behaupten würde. Sie etwa? Und wenn ja, würde ich denken, er lügt. Das Schlimme daran ist die dauernde Unzufriedenheit der Menschen mit sich selbst, da sie nicht fehlerlos oder frei von Makel sind. Ich bin der Ansicht, dass sie uns tolle Möglichkeiten liefern, Verbindungen mit anderen einzugehen. Mit dieser positiven Aufladung von Negativelementen in Ihrem Leben kommt es vielleicht auch zu einem Mehr an Selbstsicherheit. Das wäre ein toller Nebeneffekt meines Ansinnens, Sympathieherstellung leichter zu machen.

Perfektion hat mit Sympathie wenig bis gar nichts zu tun. Dadurch würde nur emotionale Distanz zwischen mir und dieser Person entstehen. Kein wirklich tragfähiges

Fundament, auf dem wir eine erfolgreiche kommunikative Zukunft aufbauen könnten.

Nun noch ein flammendes Plädoyer pro unperfektes Aussehen. Sie merken, dieses Thema beschäftigt mich. Ein Schelm, wer Böses dabei denkt. Sie kennen bestimmt den Spruch: „Schöne Menschen haben es leichter im Leben". Nun, dieser Spruch scheint nicht für die Partnersuche zu gelten. Auch in der Sympathieherstellung ist makelloses Aussehen nicht unbedingt notwendig. Für einen selbstironischen Ansatz ist es beispielsweise sogar kontraproduktiv. Schönheit hat augenscheinlich nicht nur Vorteile: überdurchschnittlich schöne Frauen sind nicht automatisch erfolgreicher in der Partnersuche, auch wenn wir davon ausgehen würden. Doch für eine erfolgreiche Partnerwahl sind andere Kriterien entscheidend. Christian Thiel beschreibt dies in einem Artikel in „Die Welt" vom 14. Februar 2014 unter dem Titel „Warum schöne Frauen oft einsam bleiben" so: *„Die Folgen der Regel ‚Gleich und Gleich gesellt sich gern' sind für die Partnersuche gravierend. Da die meisten Menschen eher durchschnittlich aussehen, haben sie es bei der Partnerwahl leichter als besonders gut aussehende oder unterdurchschnittlich gut aussehende Menschen. Es gibt einfach viel mehr von ihnen – und das erhöht die Chancen enorm."* (www.welt.de) Tröstlich, oder? Zumindest, wenn man nicht wie ein Top-Model aussieht.

Selbst in der Modewelt gibt es nun einen Trend zur Abwechslung. Gesucht wird das Außergewöhnliche statt makelloser Models. Dies hat eben nichts mit Perfektion im klassischen Sinne zu tun. Dabei geht es nicht um Symmetrien im Gesicht oder Ähnliches. Gefragt sind durchaus auch Models mit dem gewissen Extra an Makeln. Ein sehr gutes Beispiel für die Macht des Makels ist Cindy Crawford. Was macht diese Frau besonders? Außer, dass sie natürlich ein äußerst attraktives Top-Model ist? Natürlich ist ihr Markenzeichen der Leberfleck über ihrer Lippe. Dieser bleibt uns im Gedächtnis hängen. Nicht die makellosen Frauen, welche wir in Film und Fernsehen sehen. Jetzt können Sie natürlich einwenden, dass es Untersuchungen gibt, die beweisen, dass schöne Menschen sich in sozialen Prozessen leichter tun: Sie bekommen im Schnitt bessere Noten, werden in Bewerbungsgesprächen im Schnitt besser bewertet und bekommen schneller ein höheres Gehalt. Das alles kann man durchaus unterstreichen. Deshalb ist es ja so wichtig, dass wir aktiv Sympathien beim anderen hervorrufen, wenn wir nicht wie Adonis aussehen. Ecken und Kanten können ebenso für positiv-emotionale Aufladung sorgen. Das müssen wir ausnützen.

In Wahrheit fühlen wir uns durch Fehler oder Makel der anderen wohler. Woran ich das merke? Schauen Sie sich bitte an, womit die Boulevardpresse ihr Geld verdient. Diese Zeitschriften versuchen, die Makel von berühmten Personen – möglichst stark visuell zelebriert – in den Vordergrund ihrer Berichterstattung zu richten. Da wird über Zellulitisbereiche von Frau Lopez oder über den einen oder anderen Rettungsring von Arnold Schwarzenegger berichtet. Die Preise für solche Schnappschüsse bewegen sich zwischen 60.000 Dollar und mehreren Millionen Dollar für den Fotografen. Besonders drastisch war es, als Britney Spears sich in ihrer Depression den Kopf kahlgeschoren hatte. Dem ersten Fotografen, der diese neuen Bilder lieferte, wurden mehrere Millionen Dollar auf sein Konto überwiesen.

Wir denken uns: Toll, auch die Promis haben Probleme wie du und ich! Diese Bilder fungieren somit als Statusgleichmacher. Sie senken den Status der Promis und heben unseren eigenen inneren Status dadurch. Ich muss natürlich anmerken, dass dies in den meisten Fällen unfreiwillig geschieht. Das ist auch einer der Hauptgründe, warum Paparazzi bei den Stars und Sternchen eher unbeliebt sind.

Auch die Schadenfreude kann als Statusgleichmacher funktionieren. Wir lassen uns von Soaps wie „Berlin – Tag & Nacht" oder Serien wie „Frauentausch" berieseln.

Warum sind diese so erfolgreich? Weil wir auf diese Weise wahrnehmen, dass es immer Menschen gibt, die unfreundlicher, asozialer, unordentlicher, aggressiver usw. als wir sind. Das beruhigt uns natürlich. Jedoch nur kurzfristig. Schaffen wir es jedoch bewusst, den Status des Gegenübers – über das Senken unseres eigenen – zu heben, dann sind uns die Sympathien sicher. Es ist jedoch die Art und Weise, wie wir das bewerkstelligen. Absolute Unterwürfigkeit ist nicht authentisch und auch nicht notwendig. Deuten Sie lediglich an, dass Sie nicht in die Dominanzrolle schlüpfen wollen (wie das genau funktioniert, wird noch zu klären sein). Kommunizieren Sie nicht auf Augenhöhe, sondern auf Schulterhöhe. Machen Sie es wie der Philosoph Sokrates: Machen Sie sich kleiner, als sie tatsächlich sind. Nicht körperlich, sondern im sozialen Akt. Stellen Sie Ihr eigenes Licht ein wenig unter den Scheffel und lassen Sie dem Gegenüber den Vortritt. Warum? Menschen wie auch Tiere streben nach einer Rangordnung. Diese Hierarchie ganz bewusst über strategisches Kommunizieren herzustellen ist die wahre Kunst. Selbstironisches Vorgehen ermöglicht uns das in eleganter Art und Weise. Es ist die Königsdisziplin der Selbstdarstellung.

Würde Arnold seine schwindende körperliche Fitness in einer Rede selbst humoristisch erwähnen, er würde mehrere Fliegen mit einer Klappe schlagen. Angriffen, bezogen auf sein zunehmendes Gewicht, könnte er ausweichen und in einem Atemzug würde er emotionale Nähe zum Publikum aufbauen. Weshalb das?

Erstens: Es ist offensichtlich und nicht wegzudiskutieren, dass er in die Jahre gekommen ist. Der Mann ist 1947 geboren, das dürfen wir nicht vergessen. In diesem Alter ist es mehr als unfair, ihn mit einer Version seines Selbst vor 40 Jahren zu vergleichen. Zweitens: Wir ärgern uns wahrscheinlich auch über den einen oder anderen Rettungsring, welcher sich in den letzten Jahren an unseren Bauch geheftet hat und gekommen ist, um zu bleiben. Drittens: Wenn er die Größe hat, die Größe seines Bauches anzusprechen, dann ist das bewundernswert. Dies hebt das Ansehen von Arnold und kreiert gleichzeitig Nähe. Toll. Genau der Weg, den auch Sie gehen können und sollten, sofern Sie auch Rettungsringe besitzen. Diese Vorgehensweise ist vielleicht für viele hart. Denn bevor Sie einen Makel benutzen können, müssen Sie sich eingestehen, dass Sie ihn haben. Ich denke, Sie verstehen sehr gut, was ich meine. Vor dem Spiegel habe ich die Tendenz, meinen Bauch einzuziehen und nicht natürlich dazustehen. Ich beschwichtige eher, denn der Realität ins Auge zu sehen. Wir müssen jedoch ehrlich zu uns selbst sein, um diese Makel zu entdecken und sie zu benutzen. Sie sind sicher da. Entfernen wir die blinden Flecken in unserem Leben.

Ach wie gut, dass ich nichts weiß – und dass dies nun jeder weiß

Intelligenz ist nicht unbedingt ein Muss für evolutionären Erfolg. Viele Lebewesen kommen mit einem kleinen Hirn und sehr beschränkten Lernfähigkeiten ganz hervorragend zurecht. Okay, ich verstehe. Sie wollen natürlich nicht mit solchen Tieren verglichen werden. Dennoch sind sie aus evolutionärer Sicht sehr erfolgreich und dies schon sehr lange. Darüber hinaus benötigen wir zwanzig Prozent unserer Energie dafür, damit unser Gehirn funktioniert, was natürlich einen enormen Aufwand für unser Nahrungsmittelmanagement darstellt.

In der Regel halten wir uns selbst für durchaus intelligent. Dumm sind meistens nur andere. Einige Promis haben sich diese Technik zunutze gemacht, um mit zur Schau getragener „Dummheit" oder über Unwissenheit zu glänzen. Natürlich können Sie sich über diesen Weg vom Status selbst herabsetzen. Eine kleine Prise Naivität wirkt wesentlich sympathischer als Allwissenheit. Wissen, unglaublich, aber wahr, kann durchaus emotionale Distanz herstellen. Es geht deshalb um die Art und Weise, wie wir Wissen oder Unwissen für das Gegenüber verpacken.

Diese Strategie, seine eigene Unwissenheit oder kognitiven Fehlbarkeiten in Szene zu setzen, ist eine äußerst delikate. Sie kann schnell nach hinten losgehen. Wird diese Technik übertrieben, sprich, wird zu sehr auf die eigene „Dummheit" hingewiesen, kann es rasch zu einer sozialen „Etikettierung" kommen, die Sie nicht mehr so schnell loswerden. Wer will schon dauerhaft als „dumm" oder naiv wahrgenommen werden? Also ich nicht. Es gibt jedoch Personen, die sehr gut mit dieser Positionierung leben können. Glauben Sie nicht? Gerade im deutschsprachigen Raum gibt es sehr bekannte Beispiele diesbezüglich. Doch später mehr davon.

Was Sie sehr wohl machen können, ist, über eigene unglückliche, wenn Sie so wollen unkluge, Entscheidungen zu sprechen. Das funktioniert deshalb so gut, weil einzelne Situationen isoliert wirken. Was meine ich damit? Nur, weil ich vielleicht in der Vergangenheit die eine oder andere Fehlentscheidung getroffen habe, heißt das nicht, dass ich als Person „dumm" bin. Misserfolge können durchaus eine Verbindung zum Gegenüber herstellen. Wer hat noch keine kapitalen Fehlentscheidungen in seinem Leben getroffen? Wer war noch niemals blind und somit auch „dumm" vor Liebe? Wer Entscheidungen trifft, ist bereit, Fehler zu begehen. Wer eigenverantwortlich lebt und nicht nur durch sein Leben treibt, wird Entscheidungen auf der Basis von Unwissenheit treffen. Wir kennen niemals alle Bedingungen, die eine Entscheidung beeinflussen können. Deshalb verlassen wir uns auch auf Erfahrung und das Bauchgefühl. Fehler sind genau dazu da, um sie zu begehen und aus ihnen zu lernen. Ich gehe einen Schritt weiter und sage: *Reden Sie auch über Ihre Fehlentscheidungen.* Setzen Sie sie effektvoll in Szene und machen Sie sich lustig über sie. Fehlentscheidungen liegen in der Vergangenheit. Zeigen Sie indirekt, dass Sie die Größe haben, von ihnen zu erzählen. Sie signalisieren damit ebenso, dass Sie Ihre Lehren daraus gezogen haben.

Beispielsätze:
- „Früher dachte ich, ich sei ein schlechter Unternehmer, heute weiß ich es."
- „Für jeden erdenklichen Lebensbereich gibt es einen Experten. Ich bin ebenso einer. Vor allem, wenn es um treffsicheres Fehlentscheiden geht."
- „Ich dachte immer, ich hätte ein goldenes Näschen für manche Dinge. Davon übriggeblieben ist lediglich meine krumme Nase."
- „Manche sagen, das Leben sei hart. In gewissen Momenten meines Lebens dachte ich, das ist eine schamlose Untertreibung."

Sie können die Sätze natürlich für sich selbst abwandeln. Im Idealfall bauen Sie etwas visuell Markantes mit ein, wie ich es beim dritten Satz gemacht habe.

Bitte nicht falsch verstehen. Ich möchte nicht, dass Sie Ihre gesamte Redezeit dazu verwenden, über Ihre Fehlentscheidungen oder Fehler zu reden. Dazu ist die Zeit zu kostbar. Wie immer bestimmt die Balance zwischen Erfolgs- und Misserfolgsdarstellung über wahrgenommene Sympathie. Wenn Sie zu sehr in Richtung Misserfolg kippen, geraten Sie aber in die Verlierer- oder in die Opferrolle. Und da wollen wir nicht hin. Manchmal kann die Mitleidsnummer sehr gut funktionieren. Doch das ist nicht der Weg, den ich mit Ihnen gehen will. Sprechen Sie bitte nur sehr, sehr dosiert über Ihre Misserfolge in Ihrem Lebenslauf. Fehler, Schwächen und Makel sollten immer zu Beginn des

Gespräches vorgetragen werden. Das macht uns liebenswürdig. Umgekehrtes Vorgehen führt zum gegenteiligen Effekt.

Doch nun zu den weiter oben angesprochenen Personen, die sich sehr erfolgreich in dieser speziellen Nische des Unwissens positioniert haben. Wer fällt Ihnen da ein? Verona Feldbusch/Pooth ist eine der Ersten und Erfolgreichsten, welche das Potenzial ihrer vorgeblichen Schwächen erkannt und schamlos ausgenutzt haben. Sie macht keinerlei Hehl daraus, angeblich nicht die hellste Torte auf der Kerze zu sein – oder war es umgekehrt? Ich möchte der Miss Germany 1993 mit diesem Satz sicherlich nicht zu nahe treten, denn schließlich kenne ich sie nicht persönlich. Die Art und Weise der Positionierung in den Medien ist jedoch mehr als eindeutig. Mit ihren flapsigen grammatikalischen Irrwegen erregte die Ex-Frau von Dieter Bohlen viel Aufsehen. Wer kann sich nicht an die Telegate-Werbung aus den 1990ern erinnern: „Da werden Sie geholfen!"? Legendär auch ihr Auftritt für Iglos Spinatlinie: „Wann macht er denn endlich blubb?" Oder der grammatikalisch nicht richtige Slogan für die Textilkette kik: „Besser als wie man denkt." Diese Vorgehensweise hat sie in den Werbeolymp des deutschsprachigen Raumes geführt. Und es war nahezu perfekt *unperfekt*. Ein Schelm, wer Böses dabei denkt. Der Erfolg gibt ihr jedoch recht.

Die Nachfolgerin oder Wegbegleiterin von Frau Feldbusch/Pooth ist die weiter oben bereits angesprochene Daniela Katzenberger. Ihre „unperfekte Positionierung" bringt Frau Katzenberger emotional näher an uns heran. Deshalb funktioniert sie als Charakter auch so gut. Sie betont stets, welche Probleme sie hat, welche Problemzonen sie beschäftigen und wie schwierig die Partnersuche ist. Darüber hinaus verhehlt sie ihre Stimmungsschwankungen nicht, sondern zelebriert diese. Im Endeffekt können wir sehr viele negative Eigenschaften an der Kunstfigur

Katzenberger erkennen, welche wir vielleicht selbst auch haben. Das schafft einfach Nähe und kreiert Verständnis. Sie wirkt eben nicht abgehoben, sondern menschlich authentisch.

Natürlich erkennen wir uns nicht alle in der Person Katzenberger wieder. Polarisierung macht aber auch Sinn bei einer Marke. Es gibt Fans und es gibt Leute, die sich überhaupt nicht mit ihr identifizieren können. Alles gewollt. Alles sinnvoll, wenn man eine starke Marke aufbauen will. Das wollen Sie selbst, in der einen oder anderen Form, doch ebenfalls. Sie wollen beim Kommunikationspartner bemerkt und positiv verankert werden.

Auf etwas anderem Niveau, aber in dieselbe Kerbe schlagend agiert Shawn Achor. Der weltweit anerkannte Glücksforscher beschreibt in seinem Buch „Before Happiness", wie er bereits vor seiner Geburt mit der Wissenschaft in Berührung kam. Sein Vater war Hirnforscher und wollte Shawn Achors pränatale Gehirnaktivitäten messen. Er beschreibt dies so: „The tests failed (I'm not sure, what that says about my brain)..." Also auch Wissenschaftler dürfen Selbstironie an den Tag legen. Natürlich wendet er diese Strategie zu Beginn seines Buches an. Damit erzeugt er eindeutig Sympathie, da er sich auf eine Stufe mit seinen Leserinnen und Lesern stellt.

Karl-Theodor Maria Nikolaus Johann Jacob Philipp Franz Joseph Sylvester Freiherr von und zu Guttenberg, der uns als ehemaliger Verteidigungsminister Deutschlands bekannt ist, hat eine bewegte Vergangenheit. Sein Doktorgrad wurde ihm 2011 aufgrund von Plagiatsvorwürfen aberkannt. Es gibt nur eine Möglichkeit, mit dieser Vergangenheit umzugehen – nämlich mit Selbstironie. Bei einer Rede in Berlin meinte er, die Dauer seiner Rede sei eine „Erkenntnis, die ich nirgendwo abschreiben musste".

Um bei diesem Thema zu bleiben: Seit Neuestem brilliert Arnold Schwarzenegger übrigens mit einem selbstiro-

nischen Werbespot eines australischen Immobilienportals. Dabei spielt er den Unwissenden und vertauscht Österreich (Austria) mit Australien (Australia). Kann ja mal passieren ...
Diese Strategie funktioniert, weil wir Arnolds andere Persönlichkeitsfacetten kennen. Das bedeutet, dass Sie diese Strategie, Nichtwissen zu demonstrieren, erst anwenden sollten, wenn Sie Ihrem Publikum schon bekannter sind. Sie wollen nicht, dass Unwissenheit die erste Facette ist, welche von Ihnen wahrgenommen wird. Deshalb Finger weg von dieser Strategie, außer Sie wollen sich die Finger dabei verbrennen. Natürlich hätten Sie dann etwas, das Sie selbstironisch verarbeiten könnten, doch Sie brauchen ja nicht in jedem Fettnäpfchen zu baden.

Humor verleiht Flügel – Unverwundbarkeit durch die Vergrößerung der Angriffsfläche

Viele Menschen haben davor Angst, ihre Schwächen preiszugeben. Zugegeben, es ist nicht notwendig, die richtig großen Schwächen, Psychosen oder Neurosen zu veröffentlichen. Dies wäre auch gar nicht angebracht oder der Selbstironie und ihrer Wirkung zuträglich. Es reichen oftmals die offensichtlichen Elemente völlig aus.

Selbstironie funktioniert einfach besser, wenn wir auf das bereits Offensichtliche hinweisen und dabei ein wenig übertreiben. Humor ermöglicht diese Übertreibung. Diese weist jedoch auch indirekt auf einen sehr hohen inneren Status hin. Warum? Weil nur sehr selbstsichere Menschen auf die eigenen Schwächen und Fehler verweisen können. Nur diese haben die Stärke, Fehler zuzugeben und sogar noch einen Schritt weiterzugehen und sie als lustig darzustellen. Humor verleiht Flügel.

Der weltweit wohl bekannteste und erfolgreichste weiße Rapper Eminem alias Marshall Mathers beweist in seinem Film „8 Mile", welche Stärke Selbstironie entwickeln kann. Im sogenannten „rap battle" stehen sich Eminem und sein größter Kontrahent gegenüber. Es geht um alles oder nichts. Plattenvertrag oder Gosse. Üblicherweise greifen die Gegner einander in diesen Gesangsduellen an und machen sich lustig über Hautfarbe, Freunde, Familie etc. Anstatt jedoch auf seinen Kontrahenten verbal einzudreschen, drischt Marshall lieber auf seine eigenen Fehler ein. Dies erweist sich als großartige Strategie. Worüber soll der Gegner noch reden, wenn wir unser kommunikatives Pulver auf uns selbst richten? Falls Sie Lust haben, schauen Sie in das Video hinein. Die verwendeten Schimpfwörter dürfen ruhig überhört werden. Als Strategie jedoch unschlagbar.

www.youtube.com/watch?v=uh9LGytJOHk

Die laut Forsa-Umfrage beliebteste deutsche Moderatorin – Barbara Schöneberger – setzt ebenso auf die Kraft der Selbstironie als Abwehrstrategie. Sie steht sogar offen dazu, indem sie sagt: „Selbstironie ist mein Schutzschild." Oder auch: „Selbstironie ist das klügste Stilmittel, um Unterhaltung zu machen." Was unterscheidet Frau Schöneberger vom Durchschnitt? Richtig, ihre Oberweite. Dies thematisiert sie auch sehr offen und hat eine sensationelle Sichtweise zu diesem Thema: „Wenn Männer mein Dekolletee loben, freue ich mich. Denn sonst werde ich zu sehr auf meine inneren Werte reduziert!" Bei einem Promotionauftritt für ihre CD begrüßt sie das Publikum mit folgenden Worten: „Sie haben leider Pech, heute können Sie mich nicht wegzappen."

Die wohl größte Stärke, wenn wir auf Schwächen hinweisen, liegt in der Entwaffnung des Gegenübers. Je größer Sie Ihre eigene Angriffsfläche gestalten, desto schwieriger wird es für andere, Sie anzugreifen. Wiederum paradox, aber diese Vorgehensweise funktioniert. Verschiedene Forschungen zeigen, dass Rechtsanwälte überzeugender wirken, wenn sie zu Beginn ihres Plädoyers auf eine Schwäche in ihrer Beweisführung hinwiesen.

Intelligenter als intelligent – Nicht zu schade für Selbstironie
Wie geht ein Mensch mit der Erkenntnis um, dass sein Körper ihm Schritt für Schritt weniger gehorchen wird? Dieses Schicksal ist absolut unumgänglich. Keine Hoffnung auf Verbesserung. Absolute Sicherheit auf Verschlechterung seines körperlichen Zustandes. Wie würden Sie in dieser Situation handeln? Würden Sie resignieren? Ich weiß nicht, wie ich auf so eine fatale Botschaft reagieren würde. Deshalb habe ich höchsten Respekt vor der Einstellung und der Leistung des Mannes, dem das widerfahren ist. Ich spreche von niemand geringerem als Stephen Hawking. Ihm wird nachgesagt, einer der intelligentesten Menschen der Welt zu sein. Das allein würde ihn schon besonders machen. Doch er leidet seit seinem 21. Geburtstag an Amyotropher Lateralsklerose (ALS). Diese Diagnose bedeutete, dass Hawking zunehmend weniger der Herr seines eigenen Körpers sein würde. Schritt für Schritt entglitt ihm die Kontrolle über die verschiedenen Körperpartien. Fünf Jahre später war er an einen Rollstuhl gefesselt. Die Ärzte gaben ihm noch fünf Jahre zu leben. Noch einmal meine Frage, wie würden Sie handeln? Wie würden Sie die verbleibenden Jahre nutzen?

Hawking entschied, Großartiges zu leisten. Keine selbstverständliche Entscheidung in seiner Situation. Ich bin mir sicher, dass viele Menschen an dieser Diagnose verzweifeln würden. Für Hawking war es die Entscheidung, sein Leben bewusster und leistungsvoller zu durchleben. Alles, was uns begrenzt zur Verfügung steht, erscheint uns wertvoller. Egal ob Zeit, Geld oder Kekse. Kekse. Die Forschung der Psychologen Brehm/Weintraub sowie Worchel u.a. fand heraus, dass Güter attraktiver werden, je weniger von ihnen verfügbar sind. Das gilt für Kekse gleich wie für die verfügbare Zeit.

Zurück zu Stephen Hawking: Der Physiker schaffte es, von 1979 bis 2009 den Lucasischen Lehrstuhl der Mathematik an der Cambridge-Universität innezuhaben. Seine – nicht direkten – Vorgänger: Sir Isaac Newton und Paul Dirac. Nebenbei schrieb er das meistverkaufte populärwissenschaftliche Buch der Physik: „Eine kurze Geschichte der Zeit". Zehn Millionen verkaufte Exemplare bürgen für die Qualität der Schrift. Weitere Bestseller folgten. Der Vater von drei Kindern führte ein bemerkenswertes Leben.

Anhand der Jahreszahlen sehen Sie, dass die Ärzte mit ihren Hochrechnungen seiner verbleibenden Zeit auf Erden irrten.

Dennoch schritt die Degeneration voran. Ab 1985 konnte Hawking nicht mehr sprechen und war von einem Sprachcomputer abhängig. Dennoch, oder vielleicht gerade deswegen, stieg er zum bekanntesten und beliebtesten Physiker seit Einstein auf. Warum aber ist gerade Hawking so beliebt bei den Massen? Eine mögliche Antwort finden wir in der speziellen Art seiner Persönlichkeitspositionierung. Er nimmt sich tatsächlich selbst nicht allzu wichtig. Oft wurde er in Interviews gefragt, ob seine körperliche Behinderung seine Forschung einschränke. Die Antwort ist stets verblüffend für den Zuhörer. Hawking meint, das Gegenteil sei der Fall. Er konnte seine Zeit nicht am Golfplatz oder mit Joggen vergeuden, sondern sich seinen Forschungsgebieten widmen. Darüber hinaus musste er auch nicht an langweiligen Institutssitzungen teilnehmen oder Vorlesungen halten. Somit ermöglichte seine Krankheit ihm, sich voll und ganz auf seine Forschungen zu konzentrieren. Ironisch, aber wahr.

In seiner Biografie findet sich folgendes Zitat: „Als ich zwölf war, wettete einer meiner Freunde mit einem anderen um eine Tüte Bonbons, dass aus mir nie etwas werden würde. Ich weiß nicht, ob diese Wette je eingelöst wurde, und wenn, wer sie gewonnen hat." Er übertreibt natürlich in diesem Punkt. Wer, wenn nicht er, kann als erfolgreich bezeichnet werden? Wir wissen dies, und dennoch macht diese Übertreibung – in dem Fall wohl eher Untertreibung – diesen Menschen sehr sympathisch. Darüber hinaus erzählt er von seinen Fehleinschätzungen und Irrtümern. Er inszeniert sich nicht als unnahbarer Wissenschaftler, sondern positioniert sich als fehlbarer Mensch: „Ich habe mich sehr dafür interessiert, wie Dinge funktionieren, und baute sie auseinander, um es herauszufinden, aber nur selten ist es mir gelungen, sie wieder richtig zusammenzusetzen."

Darüber hinaus ließ Stephen Hawking es sich nicht nehmen, in verschiedenen „Simpsons"- und „Futurama"-Episoden mitzuwirken. Gleiches gilt für einen tatsächlichen Gastauftritt bei der berühmten amerikanischen Sitcom „The Big Bang Theory" und einer „Raumschiff Enterprise"-Episode. Darüber hinaus war er selbst im Weltraum und durfte absolute Schwerelosigkeit erleben.

Dieser Mann setzt sich gekonnt in Szene. Natürlich spielt seine visuelle Erscheinung eine große Rolle in der Wahrnehmung, wie bei uns eben auch. Doch verblüfft werden wir, wenn wir erfahren, wie er dazu steht.

Stephen Hawking zeigt uns, wie wir mit tragischen Situationen umgehen können. Wir können uns bemitleiden oder wir können das Beste aus jeder Situation machen. Ich weiß, das haben Sie schon tausend Mal gelesen. Umgesetzt wird es allerdings viel seltener als erwähnt. Der Preis, der für eine selbstironische Inszenierung winkt, ist der Aufbau eines spannenden sozialen Netzwerkes, welches Ihnen ungeahnte Möglichkeiten bieten kann. Das müssen nicht unbedingt geschäftliche Vorteile sein. Es kann genauso gut ein angenehmes Gespräch, ohne irgendwelche Hintergedanken, mit einem bis dahin unbekannten Menschen sein. Alles Weitere ergibt sich von selbst.

Am Selbstironie-Buffet: ein sympathischer Hai

Welches ist wohl die am wenigsten sympathische Branche in den letzten Jahren? Richtig. Die Finanzbranche. In unserer Vorstellung sitzen dort nur raffgierige Menschen, die an unser Erspartes wollen. Koste es, was es wolle. Die Finanzbranche wird seit 2007/2008 für den großen Finanzcrash verantwortlich gemacht. Etliche Bankenrettungen, staatliche Garantien und Jahre später ist uns diese Branche noch immer sehr unheimlich. Die Menschen, welche für sie arbeiten, werden oft als „Bankster" bezeichnet. Eine Kombination der Worte „Banker" und „Gangster". Keine nette Bezeichnung für eine Berufssparte. Auch Heuschrecken, wie gewisse Hedgefonds oder ihre Manager benannt werden, gewinnen keinen Schönheitspreis. Sie verkörpern das genaue Gegenteil von dem, was ich als Ziel für dieses Buch ausgegeben habe – Sympathie und Nähe. Weshalb ich dennoch über sie schreibe: Einzelne Personen aus diesem Arbeitsbereich sind trotz allem sehr beliebt. Genau anhand solcher Beispiele können wir am besten lernen. Das ist eine denkbar schlechte Ausgangssituation, und dennoch sind sie erfolgreich in der Sympathiegewinnung. Es muss eine große Kluft zum Gegenüber genommen werden. Das ist faszinierend.

Eine der wenigen beliebten Personen aus der Finanzbranche ist die Investmentlegende Warren Buffett. Der 1930 geborene amerikanische Großinvestor kommt bei den Menschen sehr gut an. Trotz seines Arbeitsbereiches. Sehr wenige aus dem Dunstkreis der Finanzbranche entwickeln so eine sympathische Strahlkraft wie der Unternehmer, dessen Privatvermögen auf 66 Milliarden Dollar geschätzt wird. Er ist damit einer der fünf reichsten Menschen der Welt! Wo anderen Bankern Neid oder Hass entgegenschlägt, löst der mittlerweile 84-jährige Investor eher Bewunderung aus. Warum ist dies so? Wie schafft er diesen Sprung zum Gegenüber?

Vielleicht liegt dies an dieser Art von Selbstdarstellung. In einem Artikel von Fonds Online vom 25. Februar 2014 wird er mit dieser Aussage zitiert: „Es gibt so viel Gerede über die Märkte, die Konjunktur, die Zinsen, Kursverhalten von Aktien und so weiter, dass einige Anleger tatsächlich glauben, es sei wichtig, auf Experten zu hören und – noch schlimmer – ihren Ratschlägen zu folgen."

Herr Buffett nimmt augenscheinlich die gesamte Finanzindustrie aufs Korn und sich damit ebenfalls. Dieses Vorgehen macht sympathisch. Natürlich übertreibt er maßlos. Aber das ist schließlich auch Sinn der Sache, damit die Selbstironie sich sicher ihren Weg zum Gegenüber bahnen kann.

In einem Video für die Versicherungsfirma GEICO, welche zu Buffetts Firmenimperium Berkshire-Hathaway gehört, ist sich der Investmentguru nicht zu schade, ein paar Songzeilen zum Besten zu geben. Das alles als Achtzigjähriger im klassischen Axl-Rose-Outfit, des Leadsängers der Band Guns N' Roses.

Eine weitere absolute Stärke Buffetts ist das Eingestehen von Fehlern in seinem Investmentprozess. So hat er auf einer Aktionärsversammlung seiner Berkshire-Hathaway-Aktie Folgendes zugegeben: „Während des letzten Jahres habe ich einige dumme Transaktionen getätigt bzw. solche unterlassen, die ich tätigen hätte sollen. Bei Letzteren habe ich Daumen gelutscht, als neue Fakten an die Öffentlichkeit kamen, anstatt mein Denken zu überprüfen und sofort zu handeln." Mit dieser Taktik wird er unangreifbar für seine Gegner. Warum? Weil er sich bereits über sich selbst lustig gemacht hat. Was sollen seine Kontrahenten noch sagen? Sein wohl berühmtester Rat lautete: „Investieren Sie nur in Dinge, die Sie verstehen." Leider hielt sich Herr Buffett nicht an diese seine eigene Weisheit. Spannend ist jedoch, wie er mit diesem Umstand umgeht: „Die jüngsten Ereignisse haben gezeigt, dass bestimmte Vorstände mit großen Namen bei großen Finanzinstitutionen unfähig sind, das Risiko, das mit riesigen, komplexen Derivateportfolien einhergeht, zu managen. Da können Sie mich übrigens mit einschließen."

Eine wichtige Komponente, um langfristigen Anlageerfolg zu erzielen, sei Selbstdisziplin. Auf die Frage eines Investors, wie man diese erlangen kann, meinte Buffett selbstironisch: „Ich würde mich qualifizierter fühlen, über Selbstdisziplin zu sprechen, wenn ich 20 Pfund leichter wäre."

Der Mann weiß, wie er die Massen für sich begeistert: sich einfach kleiner machen, als man ist. Bitte bedenken Sie, der Mann ist in seinem Bereich einer der erfolgreichsten Menschen der Welt. Das weiß sein Umfeld und deshalb muss er seinen Erfolg nicht extra betonen. Lieber das Gegenteil machen. Dieser Weg führt direkt in die Herzen der Menschen und à la longue auch ins Portemonnaie des Gegenübers.

Warren Buffett zeigt, wie Sie unter scheinbar schlechten Voraussetzungen dennoch Sympathien aufbauen können. Diese Erkenntnis hilft Ihnen in doppeltem Umfang.

- Sie können Selbstironie ganz bewusst auf Ihr Business anwenden und nachhaltigere und angenehmere Beziehungen zu Ihren Kunden aufbauen.
- Sie können sich selbst vor solch einer Beeinflussung schützen, wenn Sie es für nötig halten und Sie bemerken, dass jemand Sie zu manipulieren versucht.

Nett sein als Sympathie-Konzept

In einer Zeit, in welcher eine intensive Neiddebatte geführt wird. In einer Zeit, in der erfolgreiche Menschen eher ungläubig beäugt denn bewundert werden. In einer Zeit, in welcher wir darüber nachdenken, wie und ob Vermögensverteilung stattfinden soll, gibt es immer noch reiche *und* als sympathisch wahrgenommene Menschen. Die Rede ist zum Beispiel von Sir Richard Charles Nicholas Branson. Für alle, die diesen Herrn nicht kennen, er ist ein milliardenschwerer Unternehmer und Extremsportler. Der 1950 in England geborene Milliardär ging 1970 wegen seiner Legasthenie ohne jeglichen Abschluss von der Schule ab. Er verbrachte sogar eine Nacht im Gefängnis – davon erzählt er in seiner Biografie „Like a Virgin". Wie Sie sicherlich richtig erraten, eher zu Beginn des Buches. Eigentlich stellen diese Elemente keine sehr guten Voraussetzungen für eine berufliche Karriere dar, möchte man meinen.

Doch er belehrte uns eines Besseren. Er stampfte eine der berühmtesten Marken der Welt aus der Erde. Es fing mit einem Plattenversand namens Virgin an. Später wurden daraus die weltbekannten Plattenläden unter demselben Namen. Mit der Gründung der Manor Studios und einem Vertrag für den damals unbekannten Bassisten Mike Oldfield gelang Branson der finanzielle Durchbruch. Heute hat die Virgin Group über 50.000 Mitarbeiter in folgenden Bereichen: Luftfahrt, Mobilfunk und Musikbranche. In den letzten Jahren ist er vermehrt mit dem Thema in den Medien, die Raumfahrt zu revolutionieren. Er möchte mit Virgin Galactic Privatmenschen ins Weltall befördern. Immer wieder wird er bei diesem Vorhaben zurückgeworfen. Wie kürzlich, als eine seiner Raumfähren abstürzte und das einen Menschen das Leben kostete.

Der Selfmade-Milliardär ist stets auf der Suche nach dem gewissen Kick. Den holte er sich mit verschiedenen

Weltrekordversuchen für das Guinness Buch. Unter anderem sorgte die erste Atlantik- und Pazifiküberquerung mit dem Heißluftballon in den 1980er-Jahren für Furore. Eine Weltumrundung blieb ihm aus verschiedenen Gründen verwehrt.

Er ist zweifelsohne eine schillernde Persönlichkeit. Wie inszeniert er sich jedoch? Branson ist sich für beinahe keine Form der Selbstinszenierung zu schade, vor allem, wenn es in die humoristische Richtung geht. Nach einer verlorenen Wette verkleidete er sich beispielsweise als Stewardess, um einen Tag für die Konkurrenz zu arbeiten. Natürlich in voller Montur und mit rasierten Beinen. Dies macht niemand, der sich selbst zu ernst nimmt.

In seiner Biografie erklärt er, warum Sympathie einen ganz wichtigen Puzzlestein in seiner Geschäftsstrategie darstellt. Ganz einfach: Je netter man zu seinem Umfeld ist, desto größer die Chance, dass Menschen wieder und wieder Geschäfte mit uns machen wollen. Nett sein zahlt sich somit aus. Nicht nur emotional, sondern auch monetär. Sympathie als Businessstrategie sozusagen.

In Wahrheit verkörpert Branson genau das, wovon im Buch bisher die Rede war, und er wendet es aktiv in seinem Unternehmen an.

- Er hält mit seinen Fehlern nicht hinterm Berg. Redet sehr offen über seine Legasthenie und seine Nacht im Gefängnis. In seiner Biografie kommen diese Elemente des Öfteren vor.
- Branson nimmt sich selbst weniger wichtig, als er könnte. Auf die Frage, mit wem er gelegentlich verwechselt wird, antwortet er: „Mit Brad Pitt."
- Er fordert aktiv auf, Fehler zu machen, da sein Erfolgsweg gespickt mit diesen sei. Falsche Entscheidungen trifft jeder, deshalb muss man sie mit Humor nehmen.
- Dem Gegenüber zu dienen und ihm eine gute Zeit verschaffen zieht sich durch alle Geschäftskonzepte bei Branson.

Lernen auch Sie von der Vorgehensweise eines Multimilliardärs!

Das George-Syndrom – Wie wir geben, was andere wollen
In keinem Buch über Ausstrahlung und Sympathie darf dieser Herr fehlen. Er gilt bereits mehrere Jahre als absolutes Vorbild für eine ganze Generation von Männern. Er ist Schauspieler, Politiker und Umweltaktivist. Die Rede ist natürlich von niemand Geringerem als Hollywoodstar George Clooney. Seine Stärke liegt, ähnlich wie bei Hugh Grant, im „Nicht-immer-ernst-Nehmen" der eigenen Persönlichkeit. Woran wir das erkennen können? Nun ja, in diversen Nespresso-Werbespots lässt er sich von einem herabfallenden Klavier töten. Im Himmel witzelt er über die Branche, die ihn so erfolgreich machte. Beim gemütlichen Kaffeetrinken mit John Malkovich und zwei Engeln fragt er, ob Filme im Himmel gedreht werden. Die Antwort ist *nein*, da es hier keine Produzenten, Manager, keine Studios und keine Agenten gebe. Schließlich sei das ja der Himmel, da kommt nicht jeder rein. Selbstironie wird spätestens dann erkennbar, wenn man weiß, dass Herr Clooney nicht nur Schauspieler ist. Er deckt beinahe das gesamte Spektrum im Filmgeschäft ab. Er ist ebenso Drehbuchautor, Regisseur und Filmproduzent.

www.youtube.com/watch?v=23j1B4-1roM

Bei einem UNO-Vortrag sagte ein Gesandter aus Katar, dass George Clooney ein guter Schauspieler sei, aber ein Aktivist? Er wolle wohl die üblichen Floskeln loswerden. Anstatt sich zu verteidigen, holte Clooney die Lacher auf seine Seite, als er sagte: Nach den Worten „guter Schauspieler" sei die Übersetzung leider ausgefallen. Wirklich entwaffnend, wenn Sie mich fragen. Was soll man darauf sagen? Vielleicht schmunzelt der kommunikative Angreifer selbst ein wenig. Da ist es schwer, beim Thema zu bleiben. Worauf spielte er an? Natürlich auf mangelnde schauspielerische Fähigkeiten, da der Dolmetscher augenscheinlich lachen musste und nicht mehr weiter übersetzen konnte. Großartig reagiert. Obwohl er der Frage auswich, erntete er Gelächter. So geht Sympathie.

In einer Show, in welcher er sein eigenes Haus präsentierte, ging er in die Küche und meinte: „Hier ist der Ort, an dem ich für mein Kochtalent bekannt bin. Das ist der Ort, an dem ich Essen bestelle …" Auf die Frage: „Wenn du ein Baseballspieler wärst, auf welcher Position würdest du spielen?", kommt von ihm wie aus der Pistole geschossen: „die Bank".

Vielleicht riskieren Sie einmal 17 Minuten Ihrer Zeit, um das gesamte Video anzuschauen. Achten Sie darauf, wie Clooney sich bewegt, wie er spricht. Vor allem über sich selbst. Lernen Sie von einem der beliebtesten Schauspieler Hollywoods. Vielleicht ist der eine oder andere Impuls dabei, den Sie für sich selbst nutzbar machen können.

www.youtube.com/watch?v=8h6cgv8d74g

Die Außendarstellung George Clooneys funktioniert vor allem aufgrund der Brüche in seiner Kommunikation. Auf der einen Seite ist er ein äußerst erfolgreicher Schauspieler (Golden-Globe-Gewinner und Oscar-Preisträger) mit ganz viel ehrenamtlichen Engagement. Auf der anderen Seite stellt er sein Licht ein klein wenig unter den Scheffel. Irgendwie passt das nicht richtig zusammen, und dennoch oder vielleicht genau deshalb funktioniert es.

Spielen Sie mit!
Die verbindende Kraft der Selbstironie können Sie dann vollends ausnützen, wenn Sie gewisse Elemente Ihrer Persönlichkeit bewusst übertreiben. Im Folgenden ein paar Praxisbeispiele von mir und meinem persönlichen Umfeld. Die ausgewählten Beispiele haben beim jeweiligen Gegenüber sehr gut funktioniert. Lassen Sie die Impulse auf sich wirken und überlegen Sie, wie Sie sich selbstironisch in Szene setzen können.

Aussehen allgemein
Meine Frau mag die Frisuren von David Beckham. Mit mehreren Fotos dieses – zugegebenermaßen hübschen Mannes – schickte sie mich zum Friseur. Als ich der Friseurin gegenüberstand, drückte ich ihr die Fotos mit einem selbstbewussten Lächeln in die Hand und meinte: „Meine Frau will, dass Sie aus mir einen Beckham machen. Ich hoffe, Sie führen in Ihrem Laden auch plastische Chirurgie durch ..." Sie können sich vorstellen, wie sie reagierte? Sie konnte sich vor Lachen kaum halten. Schon waren wir auf einer Wellenlänge.

Sie können die Strategie der Selbstironie auch anwenden, wenn Sie mit Ihrem Gegenüber einfach Spaß haben wollen. Außerdem können Sie in solchen Situationen sehr schön an der eigenen Strategie für wirklich wichtige Situationen feilen. Oder einfach Spaß haben und das Leben – und vor allem sich selbst – nicht so ernst nehmen. Probieren Sie es einfach mal aus.

Schönheit
- „Ich würde mich ja gerne rasieren. Meine Frau hat das nicht so gern. Sie meint, man sehe dann zu viel von meinem Gesicht."
- „Das Geld für Schönheitsoperationen oder teure Cremes spare ich mir. Ich bin ja der Meinung: Dieses Gesicht kann nichts mehr retten."

- Oder: „Zu viel der Schönheit bringt nur Neid und Missgunst."
- „Schönheit liegt im Auge des Betrachters. Blöd halt, wenn alle anderer Meinung sind als ich."

Orte, an denen wir leben
- „Sie kennen Leibnitz/Berlin/Wien? Dort, wo die Schönen, die Reichen wohnen? Und eben auch ich."
- „Was zahlt man bei Ihnen so für den Quadratmeter Wohnfläche? Wo ich herkomme, werde ich dafür bezahlt, dass ich dort wohne."
- „Kennen Sie das auch? Dieses mitleidige Lächeln, wenn Sie erzählen, wo Sie herkommen? Manchmal steckt man mir sogar Geld zu, wenn ich erzähle, wo ich aufgewachsen bin."

Das Offensichtliche zum Thema machen
- Ein Trainerkollege von mir macht bei Vorstellungen manchmal folgende selbstironische Bemerkung: *„Sie wissen, dass manche Farben und Muster Sie schlanker erscheinen lassen als andere? Wie Sie bei mir sehen, haben sogar die Farben schon aufgegeben."* Ich brauche wohl nicht anzumerken, dass dieser Trainerkollege „fester" ist, wie man bei uns in Österreich sagt. In Deutschland, so nehme ich an, würde es „stabil" treffen. Doch er geht sehr selbstbewusst mit diesem Thema um. Es ist offensichtlich, dass er mehr wiegt als andere. Durch diese Besonderheit und den selbstironischen Umgang mit ihr kreiert er Anerkennung und Sympathie.

Machen auch Sie aus Ihren vermeintlichen Schwächen Stärken, indem Sie sie als Schwächen akzeptieren und gnadenlos nach außen tragen. Legen Sie den Finger in die Wunde, bevor es jemand anderes tut, und lachen Sie herzlich darüber. Sie werden sehen, es ist leichter als Sie denken.

- „Ich bin nicht zu schwer. Ich bin lediglich zu klein für mein Gewicht."
- „Ich habe leider nur ein Hobby und dieses lebe ich eben voll und ganz aus: essen."

Hinweisen auf das Offensichtliche kann uns zum Lächeln bringen. Im Urlaub in Mexiko erlebte ein Freund von mir folgende Szenerie: An einer Einkaufsstraße stand ein Verkäufer und rief folgenden Satz: „Come into my shop, don't be afraid. I just want your money and sell you things, you don't need!" Dreimal dürfen Sie raten, ob mein Freund in das Geschäft ging und etwas kaufte ...

Alter
- Mein Trainerkollege und Freund Martin Sänger bedankte sich auf Facebook für seine Geburtstagsglückwünsche auf höchst humoristische Art und Weise: „WOW, ganz lieben Dank für die wahnsinnig vielen Geburtstagswünsche. Direkt nach meiner senilen Bettflucht konnte ich schon erste Gratulationen hier auf Facebook lesen. Die ersten Anrufe kamen, da war die Haftcreme noch nicht trocken. Mit der Rückkopplung vom Hörgerät im Ohr konnte ich schon E-Mails lesen. Dank meines Rollators jagte ich den WhatsApp-Nachrichten erfolgreich hinterher. Ein unglaublicher Tag, danke." Der Mann ist ein 1971er-Baujahr ...
- „Neulich fragte mich im Supermarkt die Kassiererin nach einem Ausweis – ich wollte ein Mon Chérie kaufen."
- „Entschuldigung, dass mir Ihr Name nicht mehr einfällt. Das ist mein Alter."

Kommunizieren auf Schulterhöhe – Der wahrgenommene soziale Status entscheidet

Wundervolle Gedankenimpulse können Sie überall entdecken, wenn Sie die Augen offen halten. Dass ich jedoch von einem Glückskeks inspiriert werde, ist mir noch nie passiert. Meine Frau und ich waren gerade bei einer Routineuntersuchung für die herannahende Geburt unserer gemeinsamen Tochter. Lange war ich nämlich auf der Suche nach einem passenden Zitat für dieses Kapitel, und siehe da, in meinem Keks befand sich folgender Satz: „Überquere erst den Fluss, bevor du dem Krokodil sagst, dass es Mundgeruch hat." Ich finde es sehr spannend, wie pointiert dieses alte chinesische Sprichwort den Einsatz von sozialem Status in Kommunikationsakten behandelt. Es ist unbestreitbar, dass Status oder gesellschaftliche Rangordnung ein Phänomen ist, welches bereits seit Jahrtausenden bekannt ist. Wie uns dieses Sprichwort dabei helfen kann, sympathischer zu agieren, wird noch zu zeigen sein.

Beginnen wir mit dem Versuch einer grundlegenden Definition von sozialem Status, um den es in den folgenden Kapiteln gehen wird.

Der wahrgenommene soziale Status sorgt in der Gesellschaft als auch in einzelnen Kommunikationssituationen für eine Hierarchie. Dies bedeutet, dass für die Bewertung des Gegenübers zusätzliche Dimensionen zum Tragen kommen als das äußere Erscheinungsbild. Dies können Macht, Einkommen, Prestige u.v.m. sein, anhand derer Menschen bewertet werden. Diese soziale Rangordnung benötigen wir, um eine Orientierung zu erlangen und adäquat handeln zu können. Sozialer Status ermöglicht Orientierung durch Hierarchisierung. Unser gesamtes Leben ist durchsetzt von sogenannten Statusspielen. Das geht bereits beim Dialog zweier Personen los. Aufgrund der Art, wie wir den eigenen Körper, die eigene Stimme oder das eigene Wissen einsetzen, können wir eine Statuseinteilung der Personen vornehmen.

Wir haben bereits festgestellt, dass wir sehr wenig über unsere Gesprächspartner wissen. Wir kommunizieren auf dünnem und dennoch undurchsichtigem Eis mit unserem Gegenüber. Doch es gibt gewisse Grundkonstanten von Bedürfnissen in uns. Wir wollen zumindest geschätzt werden und benötigen Orientierung diesbezüglich. Wir müssen wissen, wie unser Gegenüber eingeschätzt werden soll. In welche Schublade muss ich ihn stecken? Ist er mir – in welchen Bereichen auch immer – überlegen oder unterlegen? Stellt er für mich eine Gefahr dar? Ist er sympathisch? Wir passen unser Kommunikationsverhalten dementsprechend an. Entweder suchen wir die Nähe zu dieser Person oder bevorzugen die Distanz. Vielleicht wollen wir uns selbst schützen oder uns in gewissen Punkten durchsetzen. Beiden Elementen – der Orientierung und dem Statusbedürfnis der Kommunikationspartner – kann das sogenannte Statusmodell mehr als gerecht werden.

Unser Leben ist in jeder Sekunde unseres Daseins durchzogen mit Statussymbolen und, damit verbunden, Statusverhalten. Die Erhöhung des eigenen Status stellt in unserer Gesellschaft ein ernstzunehmendes und überaus wichtiges Ziel dar. Das kann beispielsweise sein, einen bestimmten, mit hohem gesellschaftlichem Ansehen besetzten, Beruf zu erlernen. Oder das Streben nach einem akademischen Titel. Die höhere Position in der Firma, verbunden mit einem Mehr an Geld, kann ebenso attraktiv für uns sein. Der Wunsch, in eine größere Wohnung, ein größeres Haus, ein Nobelviertel unserer Stadt zu ziehen und mit einem Luxuswagen vorzufahren, ist ebenfalls weit verbreitet. All das ist Ausdruck von sozialem Status. Wir streben danach, in der gesellschaftlichen Hierarchie nach oben zu klettern. Dies ist auch der Grund dafür, weshalb negative Elemente an uns in den

Hintergrund gerückt werden. Sie verschaffen uns keinen Statusvorteil. Im Gegenteil. Genau diesen Umstand machen wir uns jedoch zunutze. Wir wollen bewusst keinen allzu hohen Status einnehmen, um unsere Dinge durchsetzen zu können. Egal ob privat oder im Beruf. Wir definieren uns statustechnisch sehr stark über den Beruf. Welche haben tendenziell hohes Ansehen mit relativ hoher Bezahlung? Ich würde sagen: Ärzte, Juristen, Notare, Manager, Unternehmer – Sie können die Liste gerne mit Ihrem eigenen Beruf vervollständigen, wenn Sie wollen. Ich poche keineswegs auf Vollständigkeit. Dann gibt es noch die Gruppe mit hohem gesellschaftlichen Ansehen, jedoch mit weitaus geringerer Bezahlung: Krankenpfleger, Hebammen, Behindertenbetreuer etc. Und dann können wir uns natürlich auch die Kehrseite der Medaille anschauen: Welche Berufe haben eben kein oder zu wenig gesellschaftliches Ansehen? Der Beruf kann sich somit auch sehr toll für ein selbstironisches Vorgehen eignen.

Für die Einschätzung des Gegenübers ist die Tätigkeit, die es ausübt, natürlich extrem hilfreich. Ganz nach dem Motto: Sag mir, was du arbeitest, und ich sag dir, wer du bist. Wir definieren uns sehr stark über die Arbeit. Sie weist uns in gewisser Art und Weise unseren Platz in der Gesellschaft zu. In einem Gespräch, in dem zwei Fremde das allererste Mal aufeinandertreffen, wird Arbeit einer der ersten angesprochenen Themenkomplexe sein. Wenn ich meine Teilnehmer nach den ersten Gesprächsinhalten frage, die sie mit einer Person haben, die sie neu kennenlernen, kommt immer wieder folgende Auflistung mit entsprechendem Ranking:
- Name
- Herkunft
- Beruf
- Familienstand
- Wetter

Natürlich variiert die Abfolge der einzelnen Themen von Gespräch zu Gespräch, von Person zu Person und von Situation zu Situation. Aber im Großen und Ganzen reicht die Antwort auf die ersten vier Punkte, um eine treffsichere Statusschablone des Gegenübers zu erstellen. Denn wir alle haben eine ungefähre Vorstellung vom Einkommen der jeweiligen Berufssparte. Wir erahnen damit auch gleichzeitig den Bildungsstatus unseres Gegenübers.

Sag mir, wie du heißt, und ich sag dir, wer du für mich bist ...
Verschiedene Studien haben gezeigt, dass sogar der Vorname der eigenen Kinder eine Auswirkung auf den wahrgenommenen Status hat. Ihre Eltern hatten somit einen großen Einfluss auf ihre soziale Wahrnehmung mittel Namensgebung.

Ich will ja nun keinem von Ihnen zu nahetreten, aber es gibt einfach Vornamen, die für Intelligenz, Bildung und somit indirekt auch für sozialen Status stehen. Welche sind das? Beispielsweise: Michael. Nein, war nur Spaß, wobei mein Name durchaus als Klassiker gilt und man mit diesem nicht viel falsch, allerdings auch nicht allzu viel richtig machen kann. Doch für Intelligenz stehen vor allem folgende Vornamen: Charlotte, Sophie, Marie, Hannah, Alexander, Maximilian, Simon, Lukas und Jakob. Am anderen Ende des Spektrums finden wir folgende: Kevin, Chantal, Jacqueline, Mandy, Justin etc.

Bitte bedenken Sie, diese Liste ist keineswegs vollständig. Auf keiner Seite des Spektrums. Wie groß der Einfluss der Namensgebung auf unseren Status ist, hat die Lehramtsabsolventin Julia Kube mit ihrer Pädagogikprofessorin Astrid Kaiser für ihre Master-Arbeit bei 500 Pädagogen in Oldenburg erhoben. Martin Zips berichtete am 2. Jänner 2012 in der „Süddeutschen Zeitung" unter dem Titel „Kindernamen und Vorurteile. Von wegen Schall und Rauch" davon. Die Frage war, welche Vornamen die Pädagogen ihren Kindern keinesfalls geben würden und welche Namen Assoziationen von Verhaltensauffälligkeiten hervorrufen. Einen Teil des Ergebnisses konnten Sie in der Auflistung vorher erfahren. Sowohl der Vor- als auch der Nachname eignen sich deshalb vortrefflich, um sich darüber ein Stück weit lustig zu machen. Zumal diese ziemlich sicher zur Sprache kommen und das relativ früh im Gespräch.

- „Meine Eltern dachten, mein Vorname wäre zeitgemäß – leider liegt dies mittlerweile auch schon 40 Jahre zurück."
- „Namen sind Schall und Rauch. Bei meinem Namen muss ich auch an diesen Satz glauben."
- „Es gibt Untersuchungen, wonach Menschen nichts lieber als ihren eigenen Namen hören ... also dann bin ich wohl die berühmte Ausnahme von der Regel."

Natürlich sind diese Vorlieben für Namen nicht unveränderbare Naturgesetze oder in Stein gemeißelt. Zeitgeist und Kultur spielen eine große Rolle. Doch stellen Sie sich vor, die negativen Vorurteile der Pädagogen hätten von Grundschulzeiten an einen massiven Einfluss auf die Notengebung. Wenn mir meine Eltern einen negativ besetzten Namen gegeben hätten, wie würde unter Umständen mein Leben aussehen? Ich hätte vermutlich dauernd mit unausgesprochenen und vor allem unbewussten Vorurteilen zu kämpfen. Schlechtere soziale Wahrnehmung führt unter Umständen zu schlechteren Noten, führt wiederum zu schlechterer sozialer Wahrnehmung und fertig ist der Teufelskreis, aus dem es kein Entrinnen gibt. Eine selbsterfüllende Prophezeiung par excellence. Und ich kann für diesen Namen gar nichts. Er gefiel meinen Eltern einfach, aus welchem Grund auch immer. Der Name kann lebensbestimmend sein. Vielleicht haben Sie dies auch selbst schon festgestellt, wenn Sie eine Namensliste in Händen gehabt haben, ohne die passenden Gesichter vor sich zu sehen. Die einzige Möglichkeit, auch aus einem nicht positiv besetzten Namen Vorteile zu ziehen, ist es, sich darüber lustig zu machen beziehungsweise aktiv auf Vorurteile, den Namen betreffend, hinzuweisen.

Neulich an der Bar – Orientierung über den eigenen Wohnort

Wer kennt ihn nicht, den berühmten Song von Dieter Thomas Kuh: „Die kleine Kneipe in unserer Straße", gesungen von Peter Alexander aus dem Jahre 1976? Er lädt noch immer zum Schunkeln ein. Und dennoch könnte die Aussage nicht falscher sein, denn der Text lautet: „… dort, in der Kneipe in unserer Straße, da fragt dich keiner, was du hast oder bist". Aber natürlich interessieren sich meine Kommunikationspartner dafür, wer ich bin und woher ich komme. Doch wie stellen wir fest, wie oder wer unser Gegenüber ist?

Stellen Sie sich vor, Sie lernen jemanden an einer Bar kennen. Was werden die ersten Gesprächsthemen sein? Wahrscheinlich nicht die Themenkomplexe Schweiß oder Zecken. Aber höchstwahrscheinlich der eigene Wohnort: „Wo kommst du eigentlich her?" Mit dem Ort des Wohnens bringen wir natürlich auch immer ein wenig über uns selbst zum Ausdruck. Menschen erzählen in der Regel gern von ihrer Herkunft.

Der Wohnort bzw. wie wir wohnen spielt eine Riesenrolle dafür, wie wir den Status der anderen wahrnahmen. Es macht nun mal einen großen Unterschied, ob Sie in einem noblen Bezirk, in einer schicken Eigentumsdachgeschosswohnung mit 150 Quadratmeter Dachterrasse wohnen oder in einem Sozialbau. Vielleicht zusätzlich noch in einem Bezirk, in dem die Mieten sehr günstig sind. Ich bin mir sicher, dass es auch in Ihrer Heimatstadt Viertel oder Bezirke gibt, die weniger Ansehen genießen als andere. Dies hat kaum etwas mit Größe zu tun. Status bildet sich sehr schnell heraus. Ich selbst wohne zwischen zwei Gemeinden, die zusammen in etwa 13.500 Einwohner beherbergen. Für die Geografie-Fans unter Ihnen: Es handelt sich um Wagna und Leibnitz in der Südsteiermark. Selbst bei einer so kleinen Ansammlung von Menschen gibt es Wohngegenden, die beliebter und dementsprechend teurer sind. Manche Siedlungen oder Straßen werden im Gespräch gerne verschwiegen. Glauben Sie mir. Ich habe dies schon des Öfteren erlebt: „Nein, diese Siedlung sollten Sie meiden", „In der Straße darf man nicht wohnen" etc.

Die ersten Themen bei einem Gespräch mit einem Fremden werden deshalb gewählt, um Orientierung über den sozialen Status zu erlangen. Aus keinem anderen Grund.

Diesen Umstand können Sie durchaus zum Inhalt Ihrer selbstironischen Inszenierung machen:
- „Wenn Mietpreise in guten Lagen durch die Decke gehen, dann durchbrechen meine die Fundamentplatte."
- „Fernab von allen anderen zu wohnen hat auch seine Vorteile ... manchmal frage ich mich nur, welche."
- „Mitten in der Stadt zu wohnen hat seine Vorteile ... manchmal frage ich mich nur, welche ..."
- „Nicht viele Menschen würden freiwillig in diesen Bezirk ziehen. Ich sage dann immer: Ich liebe die Herausforderung."

Zeig mir, was du hast, und ich sag dir, wer du bist
Medien und Werbung reden uns rund um die Uhr mit tausenden von Botschaften pro Tag ein, welche Marken gerade hip und notwendig sind, um sich von anderen abzuheben.

Paradoxerweise sind wir mit dieser Strategie dann doch nie allein. Denn fast alle folgen demselben Ziel: in der gesellschaftlichen Hierarchie nach oben zu gelangen. Als etwas Besonderes zu gelten. Oftmals über materielle Dinge. Das ist auch der vermeintlich einfachste Weg. Sofern jemand das nötige Kleingeld besitzt. Menschen umgeben sich mit Dingen, die ihren sozialen Status heben. Wer diesem Ideal der Statussteigerung nicht nachjagt, gilt schnell als faul oder als Sonderling. Achten Sie bitte selbst einmal darauf, wie viele und welche Statussymbole Sie in Ihrem Leben bis dato begleiten. Vielleicht ist es eine gewisse Kleidermarke, die Sie fasziniert. Vielleicht ist es der schicke Sportwagen vor der Tür. Es kann aber auch die teure Breitling-Uhr an Ihrem Handgelenk sein. Hauptsache: teuer muss das Teil sein. Die Möglichkeiten, sich selbst über Produkte in höhere Statussphären zu katapultieren, sind schier unendlich.

Die Autoindustrie im Speziellen und viele andere leben davon, dass wir einem immer höheren Status nachjagen. Die Handyindustrie schaffte es, aus einem Telefon ein Lifestyle-Produkt zu zaubern. Okay, nicht die gesamte Industrie. Wo es Gewinner gibt, gibt es auch Verlierer (wieder so ein Glaubenssatz von mir). Aber Teile davon – Apple beispielsweise – haben es geschafft, aus Produkten ein absolutes Statussymbol zu kreieren. Diesen erworbenen, weil gekauften, Status wollen wir natürlich nach außen zeigen. Wir wollen zeigen, was wir uns leisten können, dass wir anders sind. Individualität scheint uns wichtig. Meiner Meinung nach sieht Individualität jedoch anders aus. Wenn Sie wahre Individualität und Aufsehen erregen wollen, erzählen Sie, dass sie *kein* Smartphone besitzen. Oder erzählen Sie, dass Ihr Handy eine Akkulaufzeit von vier Tagen hat. Ihre Zuhörer werden aus dem Staunen nicht mehr herauskommen, dass Sie so ein altes Ding benutzen, welches noch Tasten hat. Manchmal ernten Sie auch mitleidige Blicke deshalb.

In einem meiner Trainings saß ein Teilnehmer, der einen Porsche-Schlüssel am Tisch platziert hatte. Er lag direkt vor ihm auf dem Tisch, sodass jeder ihn wahrnehmen musste. Des Weiteren kam genau dieser Teilnehmer zu spät zum Training. Dies spricht normalerweise eher für einen höheren Status. Man lässt die Leute warten. Also sprach ich ihn auf den Schlüssel an. Er meinte, es sei witzig, dass ich ihn darauf ansprach. Erstens ist der Schlüssel zu groß, um ihn in die Hosentasche zu stecken – der Schlüssel war wahrhaft riesig –, und zweitens sei es gar nicht sein Wagen. Er gehörte seinem Bruder, da sein eigener Wagen in der Werkstatt stand. Und er kam deswegen zu spät, weil er eine halbe Stunde im Auto gesessen und nicht gewusst hatte, wie man ihn startete. Wir lachten herzlich über diese Geschichte. Sie sehen also, nicht alles ist, wie es scheint. Wir dürfen nicht allzu lange an unseren Vorurteilen festhalten.

Das Statusspiel

Eine Statuseinteilung befriedigt – wie wir bereits gesehen haben – unser Bedürfnis nach sozialer Orientierung. Dies geschieht relativ schnell. Gegen unser evolutionäres Erbe können wir nur bedingt etwas machen. Das visuelle und rhetorische Auftreten in Kombination mit dem eigenen Vor- und Nachnamen lassen erste Rückschlüsse auf den Status der gegenübersitzenden Person zu. Vielleicht auch schon die Art und Weise des Handschlags oder der Blickkontakt. Wird er gehalten oder nach kurzer Zeit vermieden? Die Haltung – mit Spannung oder ohne? Bestimmte Gesten. Alles kann im sozialen Abgleichprozess wichtig sein, der innerhalb von Sekunden oder deren Bruchteilen passiert. Wie wir im vorigen Kapitel festgestellt haben, spielen Wohnort und -art sowie der ausgeübte Beruf ebenfalls entscheidende Rollen im Statusspiel. Vorwiegend über diese Elemente wird der Verlauf des Kommunikationsaktes bestimmt.

Doch das Statusmodell umfasst weitaus mehr als bloße Oberflächlichkeiten. Es geht um die Wahrnehmung des anderen und die Positionierung der eigenen Persönlichkeit dazu. Ich beziehe mich vor allem auf ein Buch, welches ich zu diesem Thema äußerst schätze: „Statusspiele: Wie ich in jeder Situation die Oberhand behalte" von Esser/Schmitt. Es erzählt kurz und genial, wie wir Kommunikationsakte hinsichtlich der Statusbedürfnisse des Gegenübers optimieren können.

Wir wollen jedoch nicht die Ober-, sondern eher die Unterhand behalten. Ich sehe im eigenen Statusverhalten einen entscheidenden Schlüssel für Ihren persönlichen *Sympathie-Code*. Sich seiner Schwächen bewusst zu sein und sich im Idealfall über sie lustig zu machen ist der erste Schritt, als angenehmer Mensch wahrgenommen zu werden. Die Bereitschaft, bewusst in der sozialen Rangfolge eine tiefere Position einzunehmen, ist der nächste Schritt. Lassen Sie einfach Ihrem Gegenüber den Vortritt und verzichten Sie auf Dominanz. Wir werden uns in den folgenden Kapiteln genau ansehen, welche Elemente für Ihre Sympathiewahrnehmung zusätzlich entscheidend sind.

In einer Sendung, welche kürzlich im deutschen Fernsehen ausgestrahlt wurde, mussten Promis anhand von Schattensilhouetten erraten, wer Vorgesetzter war und wer nicht. Sie durften lediglich die Schatten zweier Personen beim Händeschütteln beobachten und mussten sich dann gleich entscheiden. Die Promis lagen zu 100 Prozent richtig. Dies bedeutet, dass wir ein sehr gutes „Gespür" für Status haben. Wir sind jede Sekunde von Status und den damit verbundenen Bedürfnissen umgeben. Das Bedürfnis nach Hierarchien spielt somit nicht nur im Tierreich eine herausragende Rolle, sondern ermöglich auch bei uns ein geordnetes soziales Miteinander.

Einen wichtigen Punkt, der uns fortan begleiten wird, gilt es noch anzusprechen: Es gibt einen äußeren und einen inneren Status. Der nach außen hin gezeigte ist das Wahrnehmbare an der anderen Person (die Spitze des Eisberges). Der innere Status besteht aus Glaubenssätzen, die eigene Person betreffend (der Eisberg, der unter der Wasseroberfläche liegt). Wenn jemand sehr griesgrämig dreinschaut, dann muss er nicht unbedingt schlecht aufgelegt sein. Die Person könnte einfach auch ihre Brille vergessen haben und muss deshalb etwas verkniffen aus den Augen sehen.

Ein anderes Beispiel erzählt von einem meiner Ex-Arbeitskollegen. Bei diesem zeigt sich, wie wichtig die Wahrnehmung und der bewusste Umgang mit dem eigenen Status ist. Er ist ein sehr großer und breiter Mann. Allein seine körperliche Präsenz wirkte für viele sehr einschüchternd. Hinzu kam, dass er eine sehr tiefe und tendenziell laute Stimme hatte. Er vermittelte seinem Umfeld fortwährend, einen hohen sozialen Status einnehmen zu wollen, obgleich dem gar nicht so war. Hätte er bewusst Tiefstatussignale nach außen gesendet, wäre er wesentlich angenehmer wahrgenommen worden. Leider tat er dies nicht und musste deshalb seinen Posten räumen. Sie sehen, Statusverhalten kann auch jobsichernd sein.

Dass „außen" und „innen" nicht immer übereinstimmen müssen, liegt auf der Hand und sorgt für einiges Konfliktpotenzial. Ein Freund von mir hat diesen Umstand sehr schön beschrieben: „Außen hoch und innen tief ist leider schief."

Statustypen – Das Krokodil beißt zu oder auch nicht
Die moderne Arbeitswelt verlangt vor allem eine Fähigkeit von uns: das produktive Arbeiten in Teams, die sogenannte Teamfähigkeit. Zur Bestätigung dieser These lesen Sie bitte

einschlägige Jobinserate. In diesen wird in über 90 Prozent der Fälle genau diese Kompetenz verlangt.

Ich war mir eigentlich nie ganz sicher, was es bedeutet, teamfähig zu sein. Schließlich kann man Teamfähigkeit sehr unterschiedlich interpretieren. Ich denke an verschiedene Teamaufgaben. Jeder versteht etwas anderes darunter, im Team zu arbeiten. Es gibt die ruhigen Personen, welche Anleitung wollen und brauchen. Vielleicht tragen sie auch gar nichts zum Endergebnis bei. Dann gibt es die Leute, die die ganze Aufmerksamkeit auf sich ziehen und das Projekt alleine durchziehen wollen. Oftmals gibt es die klugen Fragesteller, welche auf eventuelle Fallstricke hinweisen. In einer besonderen Ausprägung hinterfragen sie alles und wirken eher hinderlich. Letztlich haben wir diejenigen, die in blindem Aktionismus loslegen und beim kleinsten Anzeichen von Widerstand aufgeben, vielleicht in weiterer Folge sogar versuchen, die Arbeit der Gruppe zu sabotieren. Sicherlich haben Sie selbst noch weitere Beispiele und haben bereits versucht, sich selbst einer Kategorie zuzuteilen. Gratulation, dann sind Sie bereits mitten in der Selbstreflexion.

Wir bewegen uns nach dem oben angesprochenen Status-Modell von Esser und Schmitt zwischen vier Polen: Durchsetzung/Nachgeben und Nähe/Distanz. Entweder ist es uns wichtig, dass wir uns in Konfliktsituationen durchsetzen. Dafür müssen wir jedoch bereit sein, Nähe zum Gegenüber aufzugeben. Wer dies nicht kann, aus welchen Gründen auch immer, der wird in Diskussionen eher nachgeben, um als angenehmer Mensch zu erscheinen. Wenn Durchsetzung Ihre oberste Maxime ist, wird es Ihnen nicht so wichtig sein, als sympathische Person wahrgenommen zu werden. Schließlich geht es Ihnen ja um die Sache und nicht um persönliche Befindlichkeiten. Je nachdem, was uns persönlich wichtig ist, wird dies unser Auftreten und unsere Selbstwahrnehmung maßgeblich beeinflussen.

Wenn Sie diese Elemente berücksichtigen, dann kommen wir zu vier Grundpersönlichkeiten. Wichtig für die richtige Einordnung ist die Unterscheidung zwischen Außen- und Innenstatus. Der Innenstatus bezeichnet die Meinung über sich selbst. Wie weiter oben schon angedeutet wurde, hat dies enorme Auswirkung auf meine Entscheidungen und Handlungen. Bin ich sehr unsicher, werde ich andere Handlungen setzen, als wenn ich von mir hundertprozentig überzeugt bin.

Der Außenstatus ist das Wahrnehmbare an der eigenen Person. Also die gesamte Körpersprache, die Stimme und Dinge, mit denen wir uns umgeben. Diese Außenwirkung muss nicht zwingenderweise mit dem Innenstatus übereinstimmen. Man kann beispielsweise seine eigenen Unsicherheiten mit dem Anhäufen und Zurschaustellen von materiellen Dingen zu kompensieren versuchen. Der andere Weg wäre es, seine Selbstsicherheit eben nicht nach außen zu tragen, um die Chancen dramatisch zu erhöhen, als sympathischer Mensch wahrgenommen zu werden.

Mit den Attributen hoch und tief wird der eigene Dominanzgrad dargestellt. Je höher der eigene Status, desto dominanter wird er vorgetragen. Je tiefer der Status, desto niedriger der Wunsch nach Dominanz, sondern nach Harmonie.

Der Teamplayer:
– Außenstatus: tief
– Innenstatus: tief
Konfliktsituation Parkplatzsuche: Zwei Autofahrer buhlen um einen Parkplatz direkt vor dem Supermarkt. Gleichzeitig setzten sie den Blinker und wollen in die Lücke. Wie verhält sich ein Teamplayer? Er wird sich höchstwahrscheinlich für den Versuch, den Parkplatz für sich zu ergattern, entschuldigen und dem Gegenüber den Vortritt lassen. Schließlich möchte er keinen Streit. Auch weite Wege oder überhaupt

das völlige Abblasen eines Einkaufs wegen fehlendem Parkplatz werden in Kauf genommen, um der Umwelt zu gefallen.

Einen tiefen Status einzunehmen bedeutet nach außen hin beispielsweise: wenig Blickkontakt, wenig vom gemeinsamen verfügbaren Raum einnehmen, wenig sprechen und wenn, dann leise und unsicher, sehr auf Harmonie aus sein. Niemals jemanden unterbrechen. Sich und seine Wünsche nicht wichtig nehmen. Das Wohl der anderen steht im Fokus.

In einer extremen Ausprägung dieses Typus fehlen jegliches Selbstvertrauen und jegliches innere Konzept oder Strategie. Der sogenannte Teamplayer bekommt zwar Sympathien, weil er ein angenehmer Mensch ist, jedoch setzt er sich selten bis gar nicht durch. Dennoch ist er der soziale Kitt einer Gruppe. Er vermittelt Nähe und Geborgenheit, sorgt somit für ein gewisses Wohlfühlklima innerhalb des Teams, auf Basis welchen gutes Arbeiten erst ermöglicht wird. Man umgibt sich äußerst gern mit dieser Sorte von Menschen. Leider fehlt eben die Durchschlagskraft, um Dinge nach eigenen Vorstellungen zu verändern.

Der Arrogante:
- Außenstatus: hoch
- Innenstatus: tief

Konfliktsituation Parkplatzsuche: Zwei Autos möchten in dieselbe Parklücke. Eine Entscheidung muss her. Der Arrogante wird die Konfrontation suchen und seinem Ärger lauthals Ausdruck verleihen, sich womöglich sogar in Rage reden. Je nachdem, welcher Typus ihm gegenübersteht, wird das Ergebnis unterschiedlich aussehen. Im Regelfall wird er das Weite suchen, sobald er Gegenwind oder Widerstand verspürt, aber dennoch fleißig weiter schimpfen, auch wenn die Situation schon vorüber ist. Gegen einen Teamplayer wird er sich vermutlich durchsetzen. Gegen andere Typen eher nicht.

Dieser Typus zeichnet sich vor allem dadurch aus, dass er ein inkongruentes Bild zwischen innen und außen liefert. Nachdem wir jedoch nicht ins Innere des Gegenübers sehen können, schließen wir anhand seines Auftretens auf sein inneres Konzept. In diesem Statuszustand übertreibt die Person ihren äußeren, hohen Status sehr gern. Sie spricht zu laut, möchte auffallen und umgibt sich sehr gern mit Statussymbolen, welche die Lücke des schwachen Egos schließen sollen. In Konflikten gibt der Arrogante relativ schnell nach, da das Selbstvertrauen nicht groß genug ist, hinter der eigenen Meinung zu stehen und diese durchzusetzen.

Diese Person gibt tendenziell eher nach, da sie eigentlich zutiefst verunsichert ist und kein klares Konzept über sich selbst besitzt. Dieser Typus bringt Distanz zwischen sich und sein Gegenüber, genau das, was wir nicht wollen. Positive Seiten sucht man vergeblich. Glücklicherweise befindet sich niemand in einem Dauerzustand der Arroganz. Wenn Sie allerdings angegriffen werden und mit der Situation nicht adäquat umgehen können, dann besteht die Möglichkeit, in eine arrogante Position zu gehen, um sich zu schützen. Arroganz bedeutet in einer gewissen Art und Weise Schutz, da sie für soziale Distanz sorgt.

Der Macher:
– Außen: hoch
– Innen: hoch
Konfliktsituation Parkplatz: Zwei Autos wollen in dieselbe Parklücke. Der dominante Typus lässt niemals Zweifel über die Zugehörigkeit des Parkplatzes aufkommen. Er wird wahrscheinlich nicht einmal stehenbleiben, um die Reaktion seines Gegenübers abzuwarten. Er ist zutiefst davon überzeugt, dass dies sein Parkplatz ist, demgemäß ist auch seine Vorgehensweise. Kompromisslos und direkt.

Dieser Typus ist von sich selbst sehr überzeugt und macht

daraus keinen Hehl. Er übertreibt aber auch nicht wie der Arrogante. Dieser Charakter setzt sich sehr gern durch, da er von seiner Meinung ja durchaus überzeugt ist. Er bringt Distanz zwischen sich und sein Gegenüber, setzt sich jedoch in der Tendenz durch. Auch nicht zu 100 Prozent das, was wir anstreben. Dieser Typus lässt niemals Zweifel an seiner Autorität aufkommen. Leider fehlen ihm die Selbstkritik und jegliches diplomatische Vorgehen. Er bezahlt den Preis des Durchsetzens mit fehlender Nähe beziehungsweise er kann sich nur durchsetzen, weil er auf emotionale Nähe keinen Wert legt.

Positiv kann angemerkt werden, dass diese Personen Führungsqualitäten aufweisen. Sie schaffen aufgrund ihres Selbstvertrauens Strukturen, anhand derer sich Menschen orientieren können. Sie schaffen Sicherheiten in einer Welt der Unsicherheiten. Entscheidungen werden ebenfalls sehr schnell getroffen, da ja kein anderer einbezogen werden muss.

Diesen Typus streben wir jedoch ebenfalls nicht an, da die Sympathie auf der Strecke bleibt.

Der Charismatiker:
– Außen: tief
– Innen: hoch
Konfliktsituation Parkplatz: Zwei Autos buhlen um denselben Parkplatz. Der Charismatiker baut Kontakt auf, um zu sehen, wie das Gegenüber reagiert. Er wird die Strategie verfolgen, der anderen Person den Vortritt zu lassen, sich jedoch dennoch den Parkplatz zu sichern.

Dies könnte in folgender Form ablaufen – mit Kindern im Auto: „Bitteschön, Sie können den Parkplatz gerne haben. Ich habe da hinten im Eck ebenfalls einen gesehen. Meinen Kindern macht es nichts aus, über den Parkplatz zu laufen, ich habe ihnen die Verkehrsregeln bereits nähergebracht …"

„Bitteschön, Sie können den Parkplatz gerne haben. Da hinten im Eck ist ebenfalls ein Parkplatz. Ich bin bereits seit achtzehn Stunden unterwegs. Meinen Kindern/meinem Partner/meiner zu pflegenden Oma machen die fünf Minuten, die ich dadurch später komme, bestimmt nichts aus ..."

„... im Eck ist ebenfalls ein Parkplatz. Ich habe zwar sehr viel einzukaufen, aber mein Arzt meint, dass Bewegung für mein lädiertes Knie gut wäre."

Dieser Typus setzt seine Selbstsicherheit mit Taktik und Geschick ein, um über emotionale Nähe zum Erfolg zu kommen. Das innere Konzept dieses Charakters ist unerschütterlich wie beim Macher, jedoch zeigt er dies nicht nach außen. Er setzt voll und ganz auf Sympathie. Genau das, was wir wollen. Im Team glänzt dieser Charakter mit viel Lob und versucht dennoch, seine Sicht der Dinge durchzubringen, aber eben nicht auf Biegen und Brechen wie der Macher-Typus. Vielleicht auf diese Art und Weise: „Ich finde es toll, wie du das gemacht hast. Darauf wäre ich nie gekommen. Ich wäre das Problem viel eher aus dieser Perspektive angegangen und dann auf diese Lösung gestoßen. Was hältst du von ihr?"

Durch das Beschäftigen mit den eigenen Schwächen gelangen wir ironischerweise zu einem besseren Selbstkonzept. Die positiven Ergebnisse werden ebenfalls zur Steigerung des Selbstwertes beitragen. Eine genauere Übersicht über Statusverhalten finden Sie unter folgendem Link:

www.kalkus.at/das-spiel-mit-dem-status-uber-dominanz-und-unterwerfung

Anhand des Krokodilzitats am Anfang des Kapitels möchte ich – überspitzt – zeigen, wie die vier verschiedenen Typen reagieren:
- Der Teamplayer versucht erst gar nicht, den Fluss zu überqueren, oder lässt sich, ohne Gegenwehr, gleich fressen.
- Der Arrogante beschimpft und reizt das Krokodil. Er überquert den Fluss jedoch auch nicht.
- Der Macher steigt ins Wasser und misst sich mit den Kräften des Krokodils. Womöglich schafft er die Überquerung des Flusses. Es sei angemerkt, dass ein Krokodil in etwa 1500 Kilogramm wiegt und 1300 Kilogramm Beißkraft pro Quadratzentimeter erzielt. Ein Mensch schafft in etwa 82 Kilogramm Beißkraft pro Quadratzentimeter. Die Chancen einer Flussüberquerung schwinden ...
- Der Charismatiker wird versuchen, mit Diplomatie sein Ziel zu erreichen. Das heißt, wir erzählen dem Krokodil nicht, dass es Mundgeruch hat. Im selbstironischen Idealfall weisen wir vielleicht auf unseren eigenen Mundgeruch hin und hoffen, dass das Krokodil einem Lachanfall zum Opfer fällt oder sich in irgendeiner anderen Form kooperativ verhält.

Wir haben alle vier Grundtypen in verschiedenen Ausprägungen in uns. Es gibt aber immer eine Position, die unserem Grundnaturell entspricht, in der wir uns am wohlsten fühlen. Andere Rollen, welche in unserem Leben auftreten, erfordern ein anderes Statusverhalten. Dies wiederum bedeutet, dass Statusverhalten erlern- und umlernbar ist. Unsere Herkunft dürfen wir jedoch nie verleugnen oder außer Acht lassen. Sie hat uns nachhaltig geprägt und muss immer mitbeachtet werden.

Was hat nun den größten Einfluss auf unser Statusverhalten? Sie werden es richtig erraten haben: die Kindheit und damit verbunden unsere Eltern beziehungsweise die Menschen, die für unsere Erziehung verantwortlich waren. Natürlich auch die spezielle familiäre Konstellation. Die ersten drei Lebensjahre sind schließlich äußerst wichtig für die Ausrichtung des eigenen Charakters. Sie können jedoch im Laufe Ihres Lebens immer wieder Einfluss auf Ihren eigenen Status ausüben. Egal, von wo Sie starten, es ist entscheidend, *dass* Sie starten.

In meinen Vorträgen und Trainings habe ich bemerkt, dass meine Teilnehmerinnen und Teilnehmer ein gutes Gefühl für ihren eigenen Status haben. Sie schätzen sich relativ gut selbst ein. Außer jenen Leuten, die im Arroganz-Typus beheimatet sind. Dies liegt jedoch im Typus selbst begründet. Der darf nach außen hin ja keine Schwäche zugeben. Wie würden Sie mit dem Krokodil verfahren?

Ich selbst bin Einzelkind, jedoch mit zwei gleichaltrigen Cousinen im selben Haus aufgewachsen. Bei Konflikten hieß es stets, dass der Älteste, also ich, nachgeben muss. Es war natürlich nie Absicht von jemandem, mich in meinem Statusverhalten nachhaltig zu beeinflussen, aber die spezifische familiäre Konstellation forderte des Öfteren, dass ich meine Bedürfnisse zurücksteckte.

Harmonie ist mir zutiefst wichtig und Streitigkeiten gehe ich am liebsten aus dem Weg. Ich bin somit eher ein Teamplayer in meiner Grundorientierung. Meine Berufswahl zeigt Ihnen jedoch, dass ich gelernt habe, meine Bedürfnisse sehr wohl durchzusetzen. *Aber*: Das musste ich erst lernen. Jeden Tag aufs Neue. Deshalb bin ich wahrscheinlich auch Erwachsenenbildner in einem besonderen Kontext geworden. Hier kann ich es nicht jedem recht machen. Ich begebe mich somit bewusst in Konfliktsituationen, um meinen Statustypus zu schwächen, da er mich in meiner Entwicklung hinderte.

Jeder Status hat Vor- und Nachteile. Es geht um den optimalen Einsatz des Körpers, der Stimme und der kommunikativen Strategie. Ein Verkäufer, der sehr unsicher ist und diese Unsicherheit mit übertriebenem Selbstvertrauen kaschiert, wird wohl kaum gut verkaufen. Ein Unternehmer, der hunderte Mitarbeiter unter sich hat, jedoch ein absoluter Teamplayer mit einem ausgeprägten Hang zur Harmonie ist, wird notwendige Entscheidungen aufschieben oder im schlimmsten Falle gar nicht treffen. Als Mitarbeiter in einem Projektteam wird es schwierig, wenn jemand zu dominant auftritt. Manchmal ist es der Schritt zurück, der uns erfolgreich werden lässt. Manchmal ist es der Blick in den Rückspiegel, der uns die Zukunft erkennen lässt. Was ich damit sagen will: Beobachten Sie sich selbst mit dem Fokus des Statusspieles. Welche Werte sind Ihnen wichtig? Wie geht es Ihnen in Konfliktsituationen? Sind Sie ein Mensch, der sich leicht durchsetzt? Oder sind Sie ein Mensch, der eher zum Wohle anderer entscheidet und agiert? Sind Sie ein Mensch mit einem hohen Selbstwert oder sind Sie eher unsicher? Nur über die Beantwortung dieser Fragen können Sie Ihr eigenes Verhalten verstehen und gegebenenfalls optimieren. Das ist der Blick nach innen. Diesen speziellen Blick auf sich selbst haben nur Sie. Den kann Ihnen auch niemand abnehmen. Was Ihnen andere abnehmen können, ist der Blick von außen. Da können Sie sich Feedback einholen. Wirken Sie auf andere schüchtern, selbstsicher, arrogant oder gar bedrohlich? Warum? Was möchten Sie ändern? Jegliches Feedback ist hilfreich. Nehmen Sie jede Rückmeldung als Mosaiksteinchen, welches helfen kann, Ihren eigenen *Sympathie-Code* zu entwickeln.

Wir alle müssen uns die Frage stellen, mit welchem Verhalten wir nachhaltig unsere Ziele erreichen, vorausgesetzt, wir haben überhaupt welche. Ziele zu haben ist leider keine Selbstverständlichkeit. Glauben Sie mir, ich war teilweise erschüttert, wie wenige Ziele Menschen in ihrem Leben haben. Aber über dieses Thema muss ein eigenes Buch geschrieben werden. Ein Buch, welches mich diesbezüglich sehr inspiriert hat, war: „Die Kunst, anders zu leben. Erschaffe deine eigenen Regeln und führe das Leben, das du

dir wünschst" von Chris Guillebeau. Der Autor stellt zwei Fragen, die wir beantworten müssen, um ein glückliches Leben führen zu können:
- Was erwarten Sie von Ihrem Leben?
- Was können Sie für andere Menschen tun?

Das sind zwei Fragen, die es in sich haben und die ich selbst nicht sofort beantworten konnte. Ich bitte Sie, sich über diese beiden Punkte klar zu werden. Haben Sie sie zufriedenstellend für sich beantwortet, dann wird sich dies auch in Ihrem Kommunikationsverhalten niederschlagen.

Automatisch charismatisch – nett durchsetzen
Wie bereits erwähnt, haben alle Statustypen Vorteile und Nachteile. Wenn wir emotionale Nähe zu unserem Umfeld aufbauen wollen, müssen wir die kommunikativen Bedürfnisse unseres Gegenübers beachten. Viele meiner Teilnehmer würden sich gerne in der Rolle des Charismatikers sehen. Gut ankommen und sich dennoch durchsetzen. Kaum jemand behauptet von sich selbst, dem arroganten Typus anzugehören, selbst wenn dies der Fall ist. Wer gibt schon gern zu, seine Minderwertigkeitskomplexe nach außen hin mit zur Schau gestelltem Selbstvertrauen zu kompensieren? Niemand. Dann doch eher ein Teamplayer sein, dem das Wohl seiner Mitmenschen am Herzen liegt. Jeder stellt sich selbst lieber als guten Menschen dar. Klar.

Und genau hier kommt die Königsdisziplin, die Selbstironie ins Spiel. Durch den konsequenten Einsatz selbstironischer Strategien schaffen wir es mit Leichtigkeit, andere für uns zu gewinnen. Wir machen uns kleiner, als wir tatsächlich sind, um dem Gegenüber einen niedrigeren Status zu signalisieren. Das alles tun wir zu dem Zweck, eine gute Beziehungsebene zu unserem Gesprächspartner aufzubauen. Dadurch können wir uns leichter und eleganter durchsetzen. Obwohl wir unser Ego zurückschrauben, setzen wir uns durch. Sympathie und Durchsetzungsfähigkeit schließen sich gegenseitig eben nicht aus, wie man allzu gerne glauben mag. Ich muss nicht unbedingt Distanz zwischen mich und mein Gegenüber bringen, um mich durchzusetzen. Entscheidend ist die indirekte Erhöhung des Status unseres Kommunikationspartners durch Herabsetzung unseres eigenen. Wir setzen uns mit Selbstironie – scheinbar – herab und heben dadurch den anderen. Hebe ich meinen eigenen Status, dann beeinflusse ich die Beziehungsebene tendenziell negativ. Manchmal ist das auch durchaus sinnvoll. Einige Beispiele dafür habe ich bereits genannt. Manchmal müssen wir einfach mit der Faust auf den Tisch hauen und unsere Forderungen energisch durchsetzen. Doch das sollte niemals die erste Wahl sein. Allzu schnell wird einem jegliche Diplomatie abgesprochen. Auch der Ruf eilt uns oftmals voraus. Achten Sie bitte auf ihn. Eilt Ihnen Ihr negativer oder positiver Ruf voraus, geschieht die „Vorverurteilung" noch lange bevor Sie persönlich wirken können. Diplomatisches Vorgehen führt langfristig zu besseren Ergebnissen. Dominantes Auftreten funktioniert eher kurzfristig und kann sich sehr schnell als Boomerang erweisen. Ganz nach dem Motto: Die Schlacht wurde zwar gewonnen, doch der Krieg noch lange nicht. Wenn Sie jemandem mit Ihrem Auftreten einschüchtern, wird Ihr Gesprächspartner sich das merken und nur auf den richtigen Moment warten, Sie anzugreifen. Deshalb versuchen Sie bitte, Ihren nach außen getragenen Status zu verkleinern.

Der Umgang und das Einschätzen des eigenen Status, der eigenen Position im Gespräch sind das Um und Auf unseres Sympathieerfolges. Alles, was ich mache, hat Auswirkungen auf das „Statusspiel". Alles, was ich aussende, bewusst oder unbewusst, hat einen Einfluss auf den Kommunikationsverlauf.

Zusammenfassend kann man sagen: Wir sollten uns häufig als Charismatiker positionieren, wenn wir Beliebtheit und Durchsetzung erreichen wollen. Wir machen uns einfach ein wenig kleiner, als wir tatsächlich sind. Das ist der Schlüssel zu Ihrem langfristigen Erfolg.

Rundum sympathisch – Wie Sie andere für sich gewinnen

Die Signale des Körpers

Ganz auf mich allein gestellt hätte ich mein Studium nicht geschafft. Obwohl ich zu Beginn meines Studiums eher ein Einzelkämpfer war, bemerkte ich recht schnell, dass mich Netzwerke weiterbringen können. Immerhin studierte ich in meinen Glanzzeiten drei Studienrichtungen gleichzeitig – leider habe ich nicht alle auch abgeschlossen. Da war relativ viel zu tun. Nicht nur lerntechnisch. Bei vielen Veranstaltungen musste ich präsent sein, um meine Scheine zu ergattern, die mir das Fortkommen im Studium garantieren sollten. Da ist es mehr als verständlich, dass ich nicht zu jeder Vorlesung pilgern konnte. Doch wie stellt man es an, nicht von 8.00 Uhr – ja, es gibt Veranstaltungen, die um diese Zeit beginnen – bis 21.00 Uhr an der Uni zu sein? Klar, ich muss mir Verbündete suchen. Leute, die für mich in die Vorlesungen gingen und mir die Unterlagen für die Prüfung zukommen ließen. Doch *woher* nehmen? Die Frage ist absolut korrekt formuliert. *Woher* nehmen?

Meine Chancen, diese Menschen für mich zu gewinnen, hängen auch von der Umgebung ab, von der Situation, in welcher wir uns befinden. Was meine ich damit genau? Ich habe festgestellt, dass die Stimmung, in welcher sich mein Kommunikationspartner befindet, entscheidend für gutes Netzwerken ist. Jetzt können Sie sagen, auf die Stimmung des Gegenübers haben wir nur begrenzten Einfluss. Stimmt. Aber wir können gewisse Elemente in unserer Umgebung optimieren, damit die Chancen steigen, Wohlbefinden auszulösen. Eine Methode haben Sie schon kennengelernt – eine selbstironische Positionierung. Und nun überlegen Sie bitte selbst: In welchen Situationen fühlen Sie sich besonders wohl und weshalb?

Ich habe festgestellt, dass die Studenten am Kaffeeautomaten bei einer genüsslichen Zigarette äußerst freundlich und freigiebig mit Unterlagen waren. Damals war es noch erlaubt, in öffentlichen Gebäuden zu rauchen. Das heißt, ich suchte mir einen Ort, an dem Raucher und Kaffeetrinker sich sammelten. Dies tat ich, obwohl ich kein Raucher bin. Das muss jedoch auch keiner sein, um sympathischen Kontakt aufzunehmen. Doch weshalb sind Menschen bei der Ausübung dieser Tätigkeiten so viel kooperativer? Ich dachte jahrelang, dass es der Entspannungsfaktor nach ermüdenden Seminaren ist. Einfach ein Ort, an dem man loslassen und sich seinen Genüssen hingeben kann. Natürlich ist genau dies ebenso der Fall, aber da gibt es noch mehr zu beobachten, wenn wir uns auf die körpersprachliche und statustechnische Ebene konzentrieren. Doch sehen wir uns das genauer an.

Wenn Menschen Kaffee trinken oder eine Zigarette rauchen, was machen sie genau? Diese Frage löst in meinen Trainings üblicherweise nur ungläubige Blicke aus. Was kann man an der Körpersprache beobachten? Nun ja, sie führen die Hand zum Mund, also in den eigenen Gesichtsbereich. Warum dies so wichtig ist? Weil wir dadurch unserer Umwelt signalisieren, dass wir keine Gefahr darstellen und überhaupt keinen Anspruch auf eine erhöhte Statusposition hegen. Raucher signalisieren sich somit gegenseitig, dass sie keine Gefahr füreinander darstellen. Die Harmonie innerhalb der Gruppe steigt dramatisch an. In solch einem Umfeld fühlen sie sich wohl und werden automatisch kooperativer. Berührungen am eigenen Kopf oder im Gesicht wirken statussenkend. Beim Kaffeetrinken oder beim Essen beobachten wir dasselbe Phänomen. Viele gute Geschäfte werden beim Akt des Essens finalisiert. Die statustechnische Umgebung ist durch die Berührungen am – eigenen – Kopf einfach freundlicher.

Um die Kraft dieser Gesten zu verstehen, müssen Sie die Kraft einer anderen Geste verstehen. Dazu ein kleiner Versuch: Versuchen Sie mal, einer anderen Person ins Gesicht zu fassen. Wie wird sich das Gegenüber fühlen? In unserem Kulturkreis fasst man einfach keinem anderen ins Gesicht. Das wirkt absolut statussenkend und der andere wird sich höchstwahrscheinlich dagegen wehren wollen. Was signalisieren wir mit dieser Geste? Können Sie sich vielleicht noch an Ihre Kindheit erinnern? Ich hasste es, wenn meine Tanten und Onkel mir in die Wangen kniffen. Oder meine Mutter mir mit einem, meistens mit Eigenspucke befeuchteten, Tuch die Essensrückstände aus dem Gesicht wischte. Furchtbar. Jetzt habe ich eine Erklärung für diese negative Wahrnehmung. Nämlich Status. Meine Tanten und Onkel setzten mich durch diese Aktion in der sozialen Rangfolge nach unten. Es wurde Macht zur Schau gestellt und mir gefiel das einfach nicht. Mir gefällt es immer noch nicht. Ganz abgesehen von den hygienischen Gesichtspunkten. Ich denke, einigen von Ihnen wird es ähnlich ergangen sein. Wenn es Ihnen immer noch so ergeht, dass Onkel und Tanten Sie im Gesicht berühren, dann sollten Sie an Ihrem Statusauftreten arbeiten … das hier ist ein Spaß. Natürlich berührt man keinen anderen im Gesicht, das zeigt aber auch, wie stark dieser Ritus des Nicht-Berührens ist.

Einen Hund berühren Sie doch auch am Kopf, um ihm zu signalisieren, dass er etwas gut gemacht hat. Sie haben die Macht und dürfen ihn dort berühren. Das wird nicht jeder dürfen. Außer bei meinem Hund: einem Golden-Retriever-Mischling. Muss ich mehr erzählen? Aber einen fremden Hund fassen wir normalerweise nicht an. Das wäre zu gefährlich.

Warum stört uns in den meisten Fällen eine Berührung im Kopfbereich durch einen anderen?

Erstens: Wir dringen in die soziale Intimzone des Gegenübers ein. Wir halten keine körperliche Distanz ein. In unserem Kulturkreis beträgt der „Sicherheitsabstand" zu einem Fremden in etwa eine Armlänge. Wir sind dann außerhalb der „Schlagdistanz". Dies allein bewirkt schon, dass das Gegenüber vom Status nach unten gedrückt wird.

Zweitens: Die Berührung im Gesicht wirkt nochmals dominanter und damit „erniedrige" ich das Gegenüber im Status.

Wen dürfen wir im Kopfbereich berühren? Ich würde sagen, meine Kinder, meinen Partner, Familie und gute Freunde. Natürlich auch die Haustiere. Dann ist meine Aufzählung allerdings auch schon zu Ende. Außer natürlich, Sie führen eine berufliche Tätigkeit aus, in welcher Sie andere Menschen in diesen Zonen berühren müssen: Friseure, Ärzte, Masseure etc. Dann wird diese Form von Berührungen akzeptiert, weil sie einfach zur Ausführung der Aufgabe dazugehören.

Ein kleiner Ausflug weg vom Kaffeeautomaten hin zum Essenstisch. Die besten Geschäfte werden beim Essen besiegelt. Mit dem Wissen, dass uns Berührungen im Gesichtsbereich „harmloser" erscheinen lassen, verstehen wir diese Prozesse nun und können sie für uns nutzbar machen. Die Gabel Ihres Gesprächs- und Essenspartners geht –

so hoffe ich doch – in Richtung Mund. Außerdem sitzen alle bei Tisch, sodass Größenunterschiede größtenteils ausgeglichen werden. Es fühlen sich dadurch alle wohl und sind einander tendenziell wohlgesonnen. Vielleicht fühlt man sich unbewusst in seine Kindheit zurückversetzt, als die Familie gemeinsam am Tisch saß und sich den Speisen widmete. All das trägt dazu bei, dass eine angenehme Atmosphäre entsteht. Dieses Wissen können Sie nun für sich selbst gewinnbringend anwenden. Durch bewusstes Einsetzen dieser Tiefstatussignale werden Sie anders wahrgenommen. Zusätzlich fällt Ihnen die Einschätzung Ihres Gegenübers für die Gestaltung des Kommunikationsaktes wesentlich leichter.

Zusammenfassend kann festgehalten werden: In unseren Breitengraden fasst man sich gegenseitig eher nicht in den Gesichts- oder Kopfbereich. Eigenberührungen am Kopf jedoch schaffen ein angenehmeres Kommunikationsklima, da sie unsere „Harmlosigkeit" zur Schau stellen. Diese Berührungen müssen jedenfalls ziemlich zügig durchgeführt werden. Je langsamer die Eigenberührungen durchgeführt werden, desto höher der eigene Status. Ich denke dabei immer an meine Philosophieprofessoren, die sich selbst am langen Bart nach unten gestrichen haben. Nutzen Sie dieses Wissen gepaart mit einer selbstironischen Darstellung Ihres Selbst.

Auch der Kaffee spielt eine große Rolle bei der Sympathieherstellung. Wie genau, werden wir uns im nächsten Kapitel ansehen.

Der Weg zum Gegenüber führt über einen Kaffee – Wärme macht glücklich
Noch ein Grund, weshalb das Netzwerken am Kaffeeautomaten so gut funktioniert, ist der Kaffee selbst.

Ich spreche nicht von der Art des Kaffees oder seines Geschmacks, sondern von seiner Wärme. Üblicherweise ist Kaffee ein Heißgetränk, auch wenn Eiskaffee und Konsorten auf dem Vormarsch sind. Verhaltensforscher haben herausgefunden, dass Menschen, wenn sie Wärme spüren, in ihrer Grundstimmung massiv beeinflusst werden. Mit warmen Händen steigt das eigene Wohlbefinden und bildet somit eine gute Grundlage für das Entwickeln von Sympathie für das Gegenüber.

In einer Studie von Lawrence Williams und John Bargh wurde nachgewiesen, dass körperliche Wärme große Auswirkung auf zwischenmenschliche Urteile und Sozialverhalten haben kann. Um diese Bereiche positiv zu beeinflussen, reicht es beispielsweise, eine warme Tasse zu halten. Die Studie wurde mit 41 Probandinnen durchgeführt, welchen jeweils eine Tasse Kaffee in die Hand gegeben wurde. Manchmal handelte es sich um einen warmen, manchmal um einen kalten Becher. Anschließend wurde den Probandinnen eine Person mittels Kurzbeschreibung vorgestellt. Frauen, die aufgrund des warmen Kaffeebechers warme Hände hatten, hatten ein wesentlich besseres Urteil über die beschriebenen Personen abzugeben als die Frauen mit kalten Händen. Die beschriebene Person wurde als liebevoller und selbstloser von den Probandinnen mit warmen Händen eingeschätzt.

Die Grundstimmung kann somit durch Wärme massiv beeinflusst werden. Wärme scheint für uns ein Reiz zu sein, der Geborgenheit und Nähe bedeutet. Diese Gefühle haben wir bereits im Mutterleib erlebt. Dort herrschten neun Monate lang auch angenehme 36 bis 37 Grad. Jetzt fände ich diese Temperaturen in meinem Haus gar nicht mehr so angenehm. Meine Frau schon. Angeblich duschen einsame und sozial vernachlässigte Menschen im Schnitt länger und mit wärmerem Wasser. Der Begriff der sozialen Wärme oder Kälte kommt somit nicht von ungefähr.

Das Phänomen, gewisse Erinnerungsmuster zu aktivieren, nennt die Wissenschaft den Priming-Effekt. Es geht um den ersten Reiz, der dann eine gesamte Kette von Erinnerungen auslöst, die irgendwann einmal angelegt wurde. Das funktioniert natürlich nicht nur mit einem warmen Kaffee, sondern auch mit jeglichem sonstigen Warmgetränk. Wichtig ist, dass der Behälter keinen Henkel aufweist und der Inhalt nicht zu heiß zum Halten ist. Das Setting, das Drumherum eines Gesprächsaktes ist somit ebenso entscheidend für die Wahrnehmung der Qualität des jeweiligen Gesprächs. Kommunikation ist immer eingebettet in Emotionen.

Beim nächsten wichtigen Gespräch mit Ihrem Partner oder Ihrem Chef achten Sie darauf, dass diese etwas Warmes in Händen halten. Die Beschaffenheit Ihrer Umgebung ist somit ebenso wichtig wie Sie als Person und Ihr Kommunikationsverhalten. Beide Elemente, richtig aufeinander abgestimmt, machen Sie unschlagbar in der Sympathiegewinnung.

Werden Sie zum Spürhund für Rangordnung – die Macht der Stimme und des Körpers

Wir haben bereits verschiedene Statustypen und Statussignale kennengelernt. Ich möchte darüber hinaus noch auf weitere wichtige Elemente eingehen, die den Status Ihres Gegenübers sehr eingängig zur Schau stellen. Ich möchte Sie in die Lage versetzen, bei der Einschätzung Ihres Kommunikationspartners eine hohe Trefferquote zu erlangen. Eine angenehme, kooperative Atmosphäre zu erschaffen sollte dabei das oberste Ziel sein.

Einige der dargebrachten Elemente dürften Ihnen durchaus bekannt sein, andere wiederum werden für einen „Aha-Effekt" sorgen.

So komplex Kommunikation auch ist, im Endeffekt gibt es nur drei Hauptkategorien, aus denen wir alle anderen Elemente ableiten können:
- den Körper,
- die Stimme,
- die Information.

Diese Elemente können wir wahrnehmen. Die Kommunikationswissenschaftler gehen davon aus, dass nicht die Information das Entscheidende im Kommunikationsakt ist, sondern die „Rahmung" beziehungsweise wie Information transportiert wird. Für unsere Absichten reicht es in diesem Zusammenhang, wenn wir festhalten, dass Körper und Stimme zumindest gleich wichtig wie die dargebrachte Information sind. Wir bewegen uns fortwährend im Spannungsbereich dieser drei Elemente.

Die Ebenbürtigkeit von Körper- und Stimmeinsatz ist sehr leicht zu erklären. Stellen Sie sich vor, Sie sind bei einem Vortrag mit einem spannenden Thema, für welchen Sie Geld bezahlt haben. Der Vortragende dort redet sehr monoton, schnell und ohne Punkt und Komma. Da sind weder Dramaturgie noch Storytelling oder Spannungsbogen vorhanden. Der Vortragende bewegt sich auf der Bühne kaum und sein Körper weist eine geringe Spannung auf. Er sucht auch keinen Blickkontakt mit dem Publikum. Die Information, die er mitteilt, ist dennoch wirklich brauchbar. Die Frage ist jedoch, ob Sie bei der Sache sind oder sich noch über seinen Vortragsstil ärgern. Sie fühlen sich nicht unterhalten oder informiert, sondern gelangweilt. Ich habe Dutzende solcher Vorträge an der Uni selbst gehalten. Glauben Sie mir, ich weiß, wovon ich rede. Oft langweilte ich mich bei meinem eigenen Vortrag. Das ist öde. Das wirklich Tragische dabei ist, dass der Inhalt leider größtenteils ebenso auf der Strecke bleibt.

Das Problem ist die Ablenkung vom Thema. Der Fokus richtet sich auf die falschen Aspekte. Meine Frau beispielsweise ist Volksschullehrerin und Sprachheilpädagogin. Ihr fallen vor allem sprachliche und stimmtechnische Besonderheiten des Gegenübers auf. Weist der Sprecher einen Sprachfehler auf und sei er noch so klein, dann bemerkt sie das und verfolgt es weiter. Leider folgt sie dadurch nicht mehr dem inhaltlichen Aspekt des Vortrags. Die Aufmerksamkeit wird einfach fehlgeleitet, denn Ziel des Vortrags sollte ja nicht die Präsentation der sprachlichen Besonderheiten sein, sondern der Inhalt. Wobei man natürlich jeglichen Sprachfehler ebenso selbstironisch benutzen kann. Doch das ist jetzt nicht das Thema.

Ein kleines Beispiel aus meinem Traineralltag dazu: Ich durfte ein Verkaufstraining mit Friseurinnen durchführen. Sie sollten zusätzlich zu ihrer eigentlichen Aufgabe Haarpflegeprodukte an den Mann und die Frau bringen. Ich gebe zu, an diesem Tag war ich sehr spät dran. Irgendwie wollte es an dem Morgen nicht so laufen. Ich kam, aus welchem Grund auch immer, nicht so gut in die Gänge. Sie kennen solche Tage vielleicht ebenso. Das ist völlig normal. Durch meine Zerstreutheit vergaß ich ganz, meine Haare zu stylen, wie ich es sonst jeden Tag mache, bevor ich das Haus verlasse. Erschwerend kam hinzu, dass ich mit dem Rad zum Training anreiste. Sie können sich bestimmt vorstellen, was diese Fahrt mit meinen – noch immer nicht gestylten – Haaren machte. Ich bekam ein Styling der besonderen Natur. Jedenfalls hielt ich zehn Minuten später ein flammendes Plädoyer für den Verkauf und merkte, dass die Damen nicht bei der Sache waren. Sie schauten sich gegenseitig an und lächelten dabei. Ich wollte wissen, was los sei. Sie entschuldigten sich bei mir und meinten, es wäre die „Lage" meiner Haare. Die standen nämlich kreuz und quer. Bei den Friseurinnen lag der Fokus der Aufmerksamkeit ganz auf meinen Haaren, deshalb konnten sie meinen Inhalten nicht folgen. Zu sehr waren sie mit meiner „Frisur" beschäftigt. Genau das meine ich mit fehlgeleitetem Fokus. Aber meine Haare schauten wirklich witzig aus an dem Tag.

Die Aufgabe des Körpers und der Stimme wäre es, den informatorischen Bereich zu unterstützen. In meinen Beispielen jedoch erschwerten sie die Aufnahme der Informationen. Man muss durch ein körperliches und stimmliches Dickicht hindurch, um die Botschaft zu erkennen. Sind jedoch Körper und Stimme abgestimmt auf die Botschaft, dann stellen sie die Welle für das Surfbrett der Information dar.

Bis dato habe ich vor allem auf Berührungen des eigenen Körpers hingewiesen, vor allem im Kopf- und Gesichtsbereich. Diese sogenannten Selbstberührungsgesten lassen schnell erkennen, wie sich Ihr Gegenüber fühlt beziehungsweise wie es sich selbst einschätzt. Grundsätzlich gilt: Je höher am Körper diese Gesten passieren und je schneller sie ausgeführt werden, desto tiefer ist der eingenommene Status des Kommunikationspartners. Sie können dieses Phänomen sehr leicht auch an Ihrem eigenen Umfeld beobachten. Stellen Sie Ihrem Gesprächspartner eine knifflige Frage und beobachten Sie seine Reaktion. Höchstwahrscheinlich wird er sich kurz am Hinterkopf kratzen, seine Nase berühren oder seine Brille zurechtschieben. Alles Zeichen für eine Herabsetzung des eigenen Status, um angenehm zu erscheinen oder Unsicherheit zu signalisieren. Das Ziel dieser Gesten ist es, zu verhindern, dass Sie mehr Druck ausüben.

Auch die Kopfhaltung ist von großer Bedeutung. Wird der Kopf gerade gehalten, spricht das für Selbstbewusstsein und deshalb für einen hohen Status. Ist der Kopf seitlich geneigt, bringt man einen sehr verletzlichen Teil seines Körpers in den Fokus – seine Halsschlagader. Wieder ein kleines Experiment: Formulieren Sie folgenden Satz bitte mit gerade, aufrecht gehaltenem Kopf:
„Wir machen das jetzt so, wie ich es will!"
Bitte formulieren Sie denselben Satz mit einem zur Seite

geneigten Kopf. Sie werden bemerken, um wie viel „weicher" der Satz mit dieser speziellen Position des Kopfes wirkt. Üblicherweise wird die Stimme leiser und höher. Die Dominanz des Satzes wird durch die Art und Weise der Darbringung nachhaltig beeinflusst. Das bedeutet, dass die Haltung des Körpers massiven Einfluss auf den Einsatz der Stimme hat. Für Sie ein sehr großer Vorteil, wenn Sie sich bewusst in eine tiefere Statusebene bringen wollen.

Viele Menschen im Dienstleistungssektor setzen diese statussenkenden Gesten automatisch ein. Sie signalisieren, dass sie bereit sind, einen Dienst zu erweisen. Logisch, werden Sie nun sagen. Als Dienstleister sollte man Dienst am Kunden ausüben. Wurden Sie jedoch schon einmal von einem Kellner bedient, der bei der Aufnahme Ihrer Bestellung nicht einmal stehengeblieben ist, geschweige denn Blickkontakt mit Ihnen aufnahm? Da fühlt sich der Kunde natürlich nicht willkommen. Ich könnte Ihnen aus dem Stehgreif Dutzende Beispiele nennen. Wahrscheinlich kennen Sie selbst auch etliche Situationen, in denen Ihnen das passiert ist.

Menschen aus dem Dienstleistungssektor signalisieren ihre Dienlichkeit bei der Begrüßung mit einer leicht nach vor gebeugten Körperhaltung und einem zusätzlichen Nicken mit dem Kopf. Viel Bewegung mit dem Kopf bedeutet somit, sich unterordnen zu können beziehungsweise zu wollen. Menschen im Vertrieb sollten sich dies besonders zu Herzen nehmen. Im Verkaufsgespräch sollten diese stets einen niedrigeren Status einnehmen als ihr Gegenüber. Sie wollen doch als angenehme und vertrauenswürdige Person wahrgenommen werden.

Sollten sich die Verkäufer das ganze Gespräch über statustechnisch unter ihrem Gegenüber einordnen? Nein, natürlich nicht. Sonst kommt es zu keinem Geschäftsabschluss. Ein wenig Konfrontation und Dominanz müssen schon sein. In dieser Phase ist es anzuraten, in den Hochstatus zu kommen, um eine Entscheidung herbeizuführen. Ohne

Nachdruck gelingt selten etwas. Wer dieses Statusspiel beherrscht und ein Gefühl für den Einsatz verschiedenster Statussignale zum richtigen Zeitpunkt hat, der wird erfolgreich verkaufen. Viele Verkäufer sind deshalb nicht oder weniger erfolgreich, weil sie einfach Scheu davor haben, in eine etwas dominantere Rolle zu schlüpfen. Sie wollen, dass der Unterschriftsimpuls vom Kunden kommt. Oftmals bleibt genau dieser jedoch aus. Deshalb liegt es an den Verkäufern, diesen Schritt zu gehen. Ansonsten verläuft das Gespräch im Sand und der Kunde sagt, er wird sich melden. Wir wissen, dies passiert nur zu einem äußerst geringen Prozentsatz. Warum fällt es jedoch vielen Verkäufern so schwer, in den Hochstatus zu gehen und eine Entscheidung zu erzwingen? Natürlich wegen der Angst vor Ablehnung. Eine Ablehnung des Angebots wird allzu oft gleichgesetzt mit einer Ablehnung der eigenen Person. Diesen Aspekt ist zu beachten, wenn jemand aus Beratern Verkäufer machen will.

Wie wir gesehen haben, spielt das obere Körperdrittel und da vor allem der Kopfbereich eine große Rolle in der Vermittlung und Wahrnehmung des eigenen sozialen Status.

Mit Blicken den Ton angeben – die Macht der Augen

Welche Rolle der Kopf im Statusspiel spielt, ist überhaupt nicht überraschend, wenn wir uns das nächste Statussignal vor Augen führen: den Blickkontakt. Die Augen gelten als Spiegel der Seele. Mit unserem Wissen über Statusverhalten können wir davon ausgehen, dass sie auch ein Spiegel des jeweiligen Selbstkonzeptes sind. Schaffen wir es, den Blickkontakt zum Kommunikationspartner lange aufrechtzuerhalten, dann vermitteln wir einen tendenziell hohen Status. Sie haben nichts zu verbergen und keinen Grund, den Blick abzuwenden. Der Blickkontakt hilft uns, das Selbstkonzept des Gegenübers sehr schnell einzuschätzen.

Wird Ihren Blicken sehr schnell ausgewichen, sitzt Ihnen keine selbstsichere Person gegenüber. Absoluten Tiefstatus vermittelt jemand, der relativ schnell wegsieht – innerhalb von ein bis drei Sekunden – und nach kurzer Zeit schaut, ob Ihr Blick noch aufrechterhalten wird.

Woran erkennen wir die Wichtigkeit des Blickkontaktes? Ich merke, wie schwierig es mir fällt, mit Menschen zu kommunizieren, die eine Sonnenbrille aufhaben. Es geht einfach sehr viel an Substanz verloren, wenn ich nicht in den Augen des Gegenübers mitlesen kann. Ich habe sehr viel weniger Orientierung am Gegenüber, wenn schwarze, braune oder rote Gläser die Augen verdecken. Vielleicht kennen Sie dies selbst. Auch Pokerspieler versuchen, in den Augen des Gegenübers festzustellen, welches Blatt in Händen gehalten wird.

Versuchen Sie dieses Experiment einmal bei einer roten Ampel mit einem Polizisten, der im Auto oder auf dem Motorrad auf der Nebenspur steht: Suchen Sie den Blickkontakt und lösen ihn relativ schnell. Nach kurzer Zeit suchen Sie ihn wieder. Sie können relativ sicher sein, aus dem Auto aussteigen zu müssen oder Ihren Führerschein und die Fahrzeugpapiere vorweisen zu müssen. Denn Sie signalisieren mit Ihrem Blickverhalten, dass Sie etwas zu verbergen haben.

Blicke sorgen für eine erste Kontaktaufnahme im Kommunikationsakt. Beim Flirten ist es von essenzieller Bedeutung, dass mit Blicken Interesse gezeigt wird. Sehen Sie sich bitte dieses Video an:
www.youtube.com/watch?v=zbGRIHrb6tQ

Es zeigt, dass es primär Frauen sind, die den ersten Schritt im Flirtakt vollziehen. Dies machen sie nicht mit Worten, sondern mit Blicken. Erfolgt kein Blick von der Frau, kommt es selten zum Gespräch mit dem Gegenüber. Männer verstehen Blicke als Aufforderung, mit ihrem „Balzverhalten" loslegen zu dürfen. Die Frau entscheidet in den meisten Fällen über die Chancen eines Flirtversuchs.

Ein weiteres kleines Experiment können Sie wagen, wenn Sie eher scheuer Natur sind und sich selten im Hochstatus befinden. Drängen Sie sich einmal beim Postamt Ihres Vertrauens vor. Oder an der Wursttheke. Oder am Kaffeeautomaten. Oder im Supermarkt. Hauptsache, es gibt eine Schlange, an der Sie sich vorbeischlängeln können. Dieses soziale Experiment soll Ihnen zeigen, wie es sich anfühlt, sich im Hochstatus zu befinden. Schließlich stellen Sie Ihre Bedürfnisse in den Vordergrund, schneller bedient zu werden. Damit missachten Sie natürlich die Bedürfnisse der anderen. Einen Fehler dürfen Sie jedoch nie begehen – suchen Sie unter keinen Umständen den Blickkontakt zu den anderen Beteiligten. Sobald es nämlich zu solch einem kommt, wird der andere eingeladen, Sie anzusprechen und zu maßregeln. In den meisten Fällen hilft es wirklich, niemanden anzusehen. Die „Mitspieler" werden sich zwar ärgern, Sie aber nicht ansprechen. Schließlich haben Sie den anderen kein Zeichen gegeben, mit ihnen kommunizieren zu wollen. Denken Sie bitte daran. Es ist nur ein kleiner Versuch, eine Übung, um sich selbst besser kennenzulernen. Den meisten meiner Teilnehmer fällt nur das erste Mal schwer. Dann werden sie selbstsicherer und können sich leichter durchsetzen.

Sie könnten nun einräumen, dass es lächerlich oder asozial sei, sich vorzudrängen. Damit haben Sie natürlich nicht ganz unrecht. Es geht aber eigentlich nicht um den Akt des Vordrängelns. Es geht primär darum, den eigenen Bedürfnissen im eigenen Leben einen gerechten Platz einzuräumen. Ich würde es als Trockentraining betrachten. Die wirklich wichtigen und entscheidenden Situationen können dann leichter gemeistert werden. Sympathisch macht Vordrängeln jedoch keinesfalls.

Auf die Pelle rücken für Profis – Distanzverhalten und Raumeinnahme

Wichtig für die Wahrnehmung der anderen ist, wie wir einen Raum durch den eigenen Körper einnehmen. Es gibt folgende kulturelle Konstante: Je höher ein Individuum in der gesellschaftlichen Hierarchie steht, desto mehr Raum wird ihm von den anderen zugesprochen. Denken Sie nur an Könige, Präsidenten oder Stammeshäuptlinge. Respektabstand nennen wir dies. Nehmen Sie viel an Raum ein, mit ausladenden Gesten, einem breiten Stand und einem großen Aktionsradius, dann vermitteln Sie Ihrem Gegenüber, dass Sie einen hohen Status haben. Das macht jedoch nicht unbedingt sympathisch.

Die Stellung der Füße signalisiert indirekt ebenso einen Hoch- oder Tiefstatus. Es macht einfach einen Riesenunterschied, ob Sie breitbeinig mit den Zehenspitzen nach außen dastehen oder die Füße eng aneinanderstellen. Wenn die Zehenspitzen dann noch zueinander zeigen, wird ein Minimum an Raum eingenommen und somit ein tiefer Status nach außen gezeigt. Nicht nur mit den Füßen und dem Kopf signalisieren wir Status. Auch mit den Armen und Händen. Wenn Sie die Arme eng an den Körper legen und mit nur kleinen Gesten agieren, deutet dies ebenso auf einen tieferen Status hin.

Doch es ist Vorsicht geboten! Nehmen Sie nur den Raum ein, der Ihnen zugestanden wird. Wenn Sie sich zu viel Platz nehmen, wird Ihr Gegenüber sich bedrängt fühlen und es wird sehr unwahrscheinlich, dass Sie als sympathisch wahrgenommen werden. Wir kennen dieses Phänomen höchstwahrscheinlich aus dem Flugzeug oder aus dem Kino. Je breiter sich unser Sitznachbar macht, desto unsympathischer erscheint er uns. Er nimmt vom gemeinsam verfügbaren Raum einfach mehr ein. Er nimmt sich mehr heraus. So kommt es uns vor.

Ein Gefühl für Distanzen ist wichtig. Waren Sie schon

einmal in der Situation, wo Ihnen jemand auf die „Pelle" gerückt ist? Bei einem normalen Gespräch, wo einfach nicht genügend Distanz eingehalten wurde? Das muss vom anderen nicht einmal böse gemeint sein. Er hat vielleicht nie gelernt, gesellschaftlichen Abstand einzuhalten, oder kommt aus einem anderen Kulturkreis, der über Nähe funktioniert. Die Person kann die netteste Person der Welt sein, doch Sie fühlen sich durch dieses „Eindringen" in Ihre „Privatsphäre" natürlich unwohl. Sie sind mehr mit der Unannehmlichkeit der Situation beschäftigt als mit der eventuellen Liebenswürdigkeit der Person. Achten Sie bitte in Zukunft auf Ihre eigenes Distanzverhalten.

Ich kam, sah und hörte: die Stimme

Wie unser Körper auf andere statustechnisch wirkt, habe ich bereits erörtert. Jedoch ist auch der Einsatz der Stimme von außerordentlicher Wichtigkeit. Er unterstreicht die Interpretation, welche auf der Basis des Körpers getroffen wurde. Kennen Sie Menschen, die eine warme und angenehme, beruhigende Stimme haben?

Meine Tochter hat während meiner Recherchen zum vorliegenden Buch das Licht der Welt erblickt. Natürlich mit der Hilfe einer Hebamme. Deren Stimmeinsatz war phänomenal. Egal, wie aufgeregt die Situation während der Geburt war, sie vermittelte mit ihrer Stimme immer absolute Ruhe und Gelassenheit. Damit beeinflusste sie uns nachhaltig und gab uns während des Geburtsvorganges Sicherheit. Da habe ich die Macht der Stimme wieder einmal am eigenen Leib erfahren.

Wie können Sie also Ihren eigenen Status durch die Stimme beeinflussen? Grundsätzlich gilt: Je tiefer die Stimme, desto höher der Status. Je höher die Stimme, desto tiefer der Status. Dabei gilt es zu beachten, dass eine laute Stimme nicht unbedingt einen hohen Status bedeuten muss, aber kann. Ein Trainerkollege von mir wurde immer leiser, je lauter die Gruppe wurde. Damit zwang er die Gruppe, selbst leiser zu werden und zuzuhören. Das ist auch eine Form von Dominanz und Durchsetzung der eigenen Wünsche.

Ein Hochstatusmensch lässt sich in seinen Ausführungen kaum unterbrechen, wohingegen er andere durchaus unterbricht. Schließlich sind seine Bedürfnisse am wichtigsten. Eine weitere Strategie ist es, eher langsam zu sprechen und zu antworten. Wer langsam spricht, nimmt somit sprichwörtlich stimmlich mehr Zeit und Raum für sich in Anspruch, was andere wiederum zwingt, etwas von ihrem Raum abzugeben. Hier gilt Ähnliches wie bei räumlicher Inanspruchnahme – es erzeugt eher wenig emotionale Nähe. Ich kenne dieses Phänomen vor allem aus meiner Studienzeit. Da hat es hin und wieder Zeitgenossen gegeben, die während eines Vortrages Fragen stellten, die mehrere Minuten dauerten, um sie sich dann in ihren Ausführungen selbst zu beantworten. Äußerst mühsam, vor allem, wenn es häufiger vorkam.

Das Um und Auf für die Wirkung der Stimme und die Wirkung des Körpers insgesamt ist die Atmung. Haben Sie diese nicht unter Kontrolle, haben Sie auch Ihre Stimme nicht unter Kontrolle. Der Körper sendet dann Stresssignale aus. Was das mit Ihrem sozialen Status macht, können Sie sich sicherlich ausmalen.

Eine kleine Geschichte von mir dazu. In meiner Studienzeit war ich ungemein nervös, wenn ich vor Publikum sprechen musste. Nachdem ich jedoch Erwachsenenbildner werden wollte – ich weiß eigentlich gar nicht, weshalb dies damals der Fall war –, musste ich vermehrt über meinen Schatten springen und mich aktiv um Vortragsmöglichkeiten kümmern. Bei einem meiner ersten Vorträge an der Universität

Graz, einer Buchrezension, waren zu meiner negativen Überraschung 120 Studierende anwesend. Sie können sich sicher vorstellen, wie ich mich fühlte, denn ich war in keiner Weise auf eine derartige Menge vorbereitet. Ich hatte mit etwa zwanzig Anwesenden gerechnet. Das Lampenfieber ergriff mich mit voller Wucht. Meine Atmung wurde immer schneller. Kalter Schweiß begann an meiner Stirn herabzuperlen. Mein Herz pumpte wie verrückt. So fest, dass ich dachte, es hüpfte vor lauter Nervosität von selbst aus meiner Brust, um zu flüchten.

Ich versuchte natürlich, mir nichts anmerken zu lassen. Damals dachte ich noch, dass Schwächen zu zeigen verboten wäre. Dreimal dürfen Sie raten, ob es mir gelungen ist, meine Gefühle zu verbergen und Gelassenheit nach außen hin auszustrahlen. Natürlich nicht. Das war auch gar nicht möglich, da jede Faser meines Körpers nach Flucht schrie. Nichts mit: Jede Zelle meines Körpers ist glücklich. Keine wirklich guten Voraussetzungen für einen fesselnden und begeisternden Vortrag über pädagogische Theorien von Jean-Jacques Rousseau. Im Gegenteil, ich fühlte mich wie gefesselt und eingeschnürt. Ein enges Korsett, in welches ich durch meine Nervosität gepresst wurde.

Ich ging also trotz Todesängsten – okay, das ist übertrieben – auf die Bühne und klammerte mich mit meinen beiden Händen ans Podium. Mit ganzer Kraft. Meine Atmung galoppierte mir davon. Bei der Begrüßung klang meine Stimme zittrig, flach und unsicher. Das erregte natürlich Aufmerksamkeit beim Publikum, leider war der Fokus nicht richtig. Eigentlich beging ich so jeden Fehler, den ich während eines Vortrags so machen konnte. Ein kleiner Auszug:
– Ich stand hinter einem Podium, umklammerte es und brachte so Distanz zwischen mich und das Publikum.
– Ich bewegte mich nicht, stand starr. Wie das Kaninchen vor der Schlange.

- Meine Atmung war viel zu schnell. Schnelligkeit bezahlt jeder Redner mit fehlender Tiefe. Deshalb nennen wir diese Art auch Brustatmung. Besser wäre eine Bauchatmung.
- Meine Stimme war zittrig und flach.
- Ich machte keine Pausen, um meine Rede möglichst schnell hinter mich zu bringen. Ich hetzte mich und das Publikum durch den Vortrag.
- Ich suchte keine Form von Blickkontakt mit dem Publikum. Ich las nur von meinen Mitschriften ab.

Am Ende meines 20-minütigen Vortrags war ich fix und fertig. Ebenso wie mein Publikum. Eher beschämt verließ ich die Bühne. Kein Applaus. Nicht einmal aus Mitleid. Beinahe alles, was ich falsch machen konnte, hatte ich falsch gemacht. Das Einzige, was ich erfolgreich geschafft hatte: Ich war nicht in Ohnmacht gefallen. Bei Bewusstsein zu bleiben ist nun wirklich nicht bewundernswert.

Heute spreche ich meine Ängste und Gefühle in Vorträgen offen an, und siehe da, sie erscheinen plötzlich in einem ganz anderen Licht. Sie behindern mich nicht mehr, sondern unterstützen mich. Sie werden Wegbegleiter in meinen emotionalen Reden und flammenden Plädoyers. Mein leichtes Lampenfieber vor jedem meiner Trainings und Vorträge wird so zu einem treuen Wegbegleiter, der mir die emotionale Türe zu meinem Publikum öffnet.

Von der Atmung hängt vieles ab. Haben Sie diese nicht unter Kontrolle, kippt der Kommunikationsakt in eine falsche Richtung. Nicht, dass Sie mich falsch verstehen: Ich glaube, dass Nervosität etwas sehr Beflügelndes sein kann. Aber es gilt: Die Dosis macht das Gift. Ich beispielsweise bin vor jedem Training, vor jedem Vortrag, vor jedem Vorstellungsgespräch noch ein Stück weit nervös. Nervosität in Maßen ist gut, lähmende Nervosität ist natürlich kontraproduktiv. Emotionen zu haben und sie zu zeigen ist doch etwas Tolles. Dies lässt uns menschlich erscheinen – und damit sympathisch.

Bei meinem gescheiterten Vortrag hatte ich Angst bis in meine Zehenspitzen verspürt. Diese negativen Emotionen brannten sich in mein Hirn ein. Ich kann aber aus dieser Situation, wie aus eigentlich jeder, mehrere Schlüsse ziehen. Ich hätte mir auch sagen können: Weißt du was, lassen wir das lieber mit dem Studium. Du bist eben kein Vortragender. Du kannst das nicht. Überlass lieber anderen die Bühne.

Oder, und diesen Weg habe ich gewählt, ich schaue mir Dinge von erfolgreichen Vortragenden ab. Ich hole mir professionelle Hilfe und arbeite an mir. Ich kann begeistern, wenn ich will.

Egal, welche Version ich gewählt hätte, ich hätte immer recht behalten. Mein Hirn hätte dafür gesorgt, Bestätigungen für die getroffene Wahl zu suchen. Sie kennen dies vielleicht, nachdem Sie sich für eine Automarke entschieden haben: Plötzlich fallen Ihnen im täglichen Straßenverkehr die Autos dieser besonderen Marke auf. Ebenso erging es mir mit dem Thema des vorliegenden Buches. Plötzlich filterte mein Hirn alles, was nur im Entferntesten mit dem Thema Sympathie zu tun hatte. Wir haben viel mehr Einfluss auf die Wahrnehmung der Realität, als wir glauben.

Workbook – auf dem Weg zu sich selbst

Das Überschreiten der eigenen Komfortzonen

Wir sind eigentlich unser ganzes Leben auf dem Weg zu uns selbst. Selbsterfahrungsseminare und -workshops boomen derzeit. Es gibt Menschen, die sich freiwillig einsperren und dabei rund um die Uhr filmen lassen („Big Brother"). Ebenso gibt es Menschen, die sich bis zum Hals eingraben lassen, um herauszufinden, wie ihre Psyche auf diese Extremsituation reagiert. Egal, ob Sie sich der Esoterik hingeben oder sich von einem Flugzeug in die Tiefe stürzen. Wir wollen alle mehr über uns selbst erfahren. Es ist die Begegnung mit dem Neuen, den noch nicht erlebten Situationen. „Erst wenn wir nicht mehr weiter wissen, lernen wir uns selbst richtig kennen", formulierte es der Philosoph Henry David Thoreau treffend. Dies bedeutet, dass wir nur lernen, wenn wir uns nicht in unserer Komfortzone bewegen. Unsere liebgewonnenen Strategien und Routinen dürfen nicht mehr greifen. Wir müssen in solchen Situationen neue Vorgehensweisen entwickeln, um die uns aufgetragenen Aufgaben lösen zu können. Dabei machen wir unweigerlich Fehler.

Wie stark die Macht der Routine ist, möchte ich Ihnen anhand eines persönlich erlebten Beispiels erzählen. In meiner Funktion als Erwachsenenbildner arbeite ich mit circa zehn anderen Trainern zusammen. Wir haben einen gemeinsamen Gruppenraum. Aus Sicherheitsgründen müssen wir diesen während jeder Pause absperren. Das unausgesprochene Gesetz besagt, dass der dafür benötigte Schlüssel in unserem Büro an einem Pin aufgehängt wird. Tag für Tag immer am selben Ort, auf einer bestimmten Höhe. Ich wollte wissen, wie stark diese Gewohnheit in unserem Team ausgeprägt ist. Daher hängte ich den Schlüssel einfach 15 (!) Zentimeter höher auf einen anderen Pin. Es war dieselbe Fluchtlinie, nur wenig entfernt vom angestammten Platz. Eigentlich keine allzu große Abweichung von der Routine, würde ich meinen. Doch weit gefehlt: So nah und doch so fern. Der Schlüssel wurde von meinen Kollegen nicht gefunden. Die Kraft der Gewohnheit war einfach zu stark. Der Blickwinkel konnte nicht vergrößert werden. Ich mache mich hiermit nicht über mein Team lustig, das möchte ich festhalten. Es besteht aus lauter gebildeten und durchaus netten Menschen. Ich hätte vermutlich den Schlüssel ebenso wenig gefunden. Unser Alltag ist eben durchzogen von festgefahrenen Strukturen, die uns Halt und Sicherheit geben in einer Welt, die sich immer schneller zu drehen scheint. Das ist die Macht der Routine, und das Beispiel soll uns zeigen, wie diese unser Leben bestimmt. Und in diesem Fall ging es lediglich um einen Schlüssel und um 15 Zentimeter Differenz.

Sie haben bestimmt das eine oder andere Beispiel zu diesem Thema. Ein weiteres fällt mir ein. Als Erwachsenenbildner habe ich täglich mit Menschen zu tun. Schwierig wird die Zusammenarbeit, wenn diese in der Ausführung von Routinen behindert werden. Ich kann mich an das eine oder andere Training erinnern, welches sich kompliziert gestaltete. Die Leute waren mürrisch und mit ihren Gedanken ganz woanders. Ich stellte fest, dass der Kaffeeautomat ausgefallen war. Nie war eine Trainingseinheit mühsamer.

Diese Beispiele kommen Ihnen vielleicht lächerlich vor. Doch bedenken Sie: Dabei handelte es sich um das Verrücken eines Schlüssels und das Nichtfunktionieren eines Kaffeeautomaten. Beides hatte riesige Auswirkung auf die Stimmung meiner Kommunikationspartner. Wenn die Macht der Routine dermaßen groß ist, dass wir unsere Augen nicht um 15 Zentimeter nach oben wandern lassen können, was bedeutet dies für die Gestaltung und die Bewertung unseres Lebens? Welche ausgetretenen Pfade gehen wir tagtäglich? Wie flexibel sind unsere Gedanken? Sie können sich vorstellen, um wie viel schwieriger sich das Ausbrechen aus bestehenden Mustern und Routinen bei solch wichtigen Themen gestaltet.

Schonungslose Selbstreflexion kann der erste Schritt heraus aus liebgewonnenen Strukturen sein. Ja, ich weiß, schon wieder dieser Themenkomplex. In verschiedensten Sachbüchern dürften Sie bereits darauf gestoßen sein. Dennoch muss ich darauf eingehen. Ich erwähne ihn jedoch nur, weil er eine unhintergehbare Voraussetzung für persönliche Weiterentwicklung ist. Nur wenn Sie sich selbst gut kennen, können Sie Ihre Wirkung auf andere richtig einschätzen, andere anders wahrnehmen und Ihre Sympathiewerte steigern. Doch vorerst genug darüber. Eines sei festgehalten: Persönliches Wachstum kann nur außerhalb der eigenen Komfortzone stattfinden.

Selbstkonzepte, die nach Fisch riechen – Selbstbewusstsein ohne Grenzen
Die Realität ist nichts Objektives. Auch Ihre Persönlichkeit, dieses Bündel an Eigenschaften, ist nicht objektiv beurteilbar. Es ist entscheidend für Ihre Lebensqualität, wie Sie sich selbst und Ihre Handlungen wahrnehmen. Das Selbstbild ist der Ausgangspunkt der gesamten Wahrnehmung und stellt somit die Ausgangssituation jeglicher Kommunikationssituation dar. Es ist sehr einfach und einleuchtend. Schließlich macht es einen riesengroßen Unterschied, ob Sie glauben, Sie seien ein Verlierer oder ein Gewinner. Kleiner, unbedeutender Fischverkäufer oder ein Weltstar.

Haben Sie schon einmal vom berühmten „Pike Place"-Fischmarkt in Seattle gehört? Dort fliegen Fische durch die

Luft. Ganz ohne Flügel. Die dort ansässigen Fischverkäufer werfen sich die bereits verkauften Fische voller Freude gegenseitig zu. Dabei rufen sie den Namen des fliegenden Fisches. Verkaufen mit Unterhaltungsfaktor, so könnte man diese Szenerie benennen. Diese Fischhändler sind zu einer wahren Touristenattraktion geworden.

www.pikeplacefish.com

Sie bilden auch das Fundament der berühmten „FISH! Philosophy"-Bücher. In einem Interview sagte einer der Verkäufer etwas, das mich sehr berührte: Er meinte sinngemäß, wir seien die Gestalter unserer Realität. Wir dürfen zwischen verschiedensten Realitätsmodelle wählen. Er könnte sich selbst als lausigen, erfolglosen Fischverkäufer betrachten, der frühmorgens in die Kälte und zum Gestank hinaus muss. Dazu kommen noch nervende Kunden, die immer dasselbe fragen und wollen. Ein absoluter Horror, diese Vorstellung! Oder er glaubt, dass sein Verhalten einen Unterschied für seine Kunden darstellt. Er macht Menschen glücklich. Er gibt sein Bestes. Zumindest die Fischverkäufer am Pike Place haben ihre Wahl getroffen. Jeden Tag aufs Neue. Sie sind mittlerweile absolute Superstars und eine eigene Touristenattraktion in Seattle. Ich denke, wir können diese Erkenntnisse auch auf unser Leben übertragen.

Sind wir ehrlich – wir können aus jeder Tätigkeit etwas Stinknormales oder etwas Außergewöhnliches machen. Wir können nach Schema F handeln oder eben nach Höherem streben. Ich kann mir nicht vorstellen, dass einer der Fischverkäufer anfangs seine Tätigkeit als höchste Erfüllung bezeichnet hätte. Die Voraussetzungen dafür sind sogar mehr als schlecht. Frühes Aufstehen ist ein Muss: Jeder Arbeitstag beginnt um etwa 5.00 Uhr. Arbeit in der Kälte.

Geruchsempfindlich dürfen Fischverkäufer ebenso nicht sein. Sie handeln eben mit Fisch und nicht mit Parfum. Der ständige Kundenkontakt und die langen Arbeitstage kommen noch hinzu. Es gäbe wirklich viele Punkte, an denen diese Fischverkäufer verzweifeln könnten. Niemand würde es ihnen krumm nehmen. Doch sie haben sich für einen anderen Weg entschieden – ihren Berufsalltag spielerisch spannend zu gestalten. Ich liebe solche Geschichten: schlechte Voraussetzungen und dennoch die Kurve bekommen. Mehr noch. Absolute Touristenattraktion und Impulsgeber für viele Millionen von Menschen, die die FISH!-Philosophien verfolgen.

Es ist entscheidend für den persönlichen Erfolg oder Misserfolg, welches Selbstkonzept wir aufweisen. Was denken wir über uns selbst? Haben Sie darüber schon einmal nachgedacht? Mögen Sie sich selbst? Das hört sich vielleicht lächerlich an. Doch bedenken Sie, dass Sie selbst der wichtigste Mensch in Ihrem Leben sind. Der Mensch, mit dem Sie am meisten Zeit in Ihrem Leben verbringen werden, sind Sie selbst. Der bekannte Coach und Experte für Souveränität Stéphane Etrillard hat dies in seinem Buch „Charisma" sehr schön auf den Punkt gebracht: *„Notwendige Voraussetzung, um nach außen charismatisch zu wirken, ist eine positive Einstellung zu sich selbst. Dazu gehören zweifellos ein gesundes Selbstwertgefühl und ein ausgeprägtes Selbstbewusstsein. Beides entsteht, wenn wir uns selbst wirklich kennen und akzeptieren und im Einklang mit unseren Überzeugungen leben. Unser Selbst, unsere Persönlichkeit setzt sich zusammen aus unseren Wünschen, Hoffnungen und Bedürfnissen, Überzeugungen, Ideen und Zielen, Stärken und Schwächen, Entscheidungen und Handlungen."*

Denke ich von mir, ich sei ein schlechter Vortragender, so wird der bloße Gedanke an eine Rede Panikattacken in mir auslösen. Das wird das Umfeld natürlich wahrnehmen und dementsprechendes Feedback geben. Denke ich von mir, ich sei ein schüchterner Mensch, wird jeder Smalltalk ein Horrortrip – für beide Seiten. Mit einer entsprechenden Ausrichtung meines Selbstkonzepts kann ich eine Erfolgs- oder Misserfolgsspirale in Gang setzen.

Sie kennen das sicherlich auch aus Ihrem eigenen Leben. Bei mir war das in etwa so: Meine Mutter meinte, Mathematik sei nicht mein Fach. Mit den ersten negativen Feedbacks in diesem Fach galt es als bestätigt, dass ich tatsächlich eine mathematische Niete war. Die Negativspirale hatte begonnen, sich zu drehen. Die Ergebnisse wurden immer schlechter und ich zunehmend sicherer, dass es gottgegeben war, schlecht in Mathematik zu sein. So ein Blödsinn. Einige Jahre später an der Universität oder im Laufe meiner Selbstständigkeit habe ich bewiesen, dass ich gut mit Zahlen umgehen kann. Selbsterfüllende Prophezeiung nennt man das.

Wer ärgert sich nicht zuweilen über seine eigenen Fehlbarkeiten? Manchmal schämen wir uns sogar für sie. Wir fühlen uns unsicher und möchten sie am liebsten verneinen. Doch diese gehören nun mal zum Leben jedes Einzelnen von uns dazu. Ich möchte sogar einen Schritt weiter gehen: Fehler, Makel, Laster, Misserfolge und Unvollkommenheiten verbinden uns. Sind wir uns ihrer bewusst, so können diese eine enorme Kraft in der Kommunikation mit anderen entwickeln. Nur wer sich vollkommen akzeptiert, mit eben auch diesen Schattenseiten seiner selbst, wird ein Selbstvertrauen ungeahnten Ausmaßes erlangen.

Analysieren Sie sich selbst gnadenlos, bevor es andere tun! Sie können unangreifbar für kommunikative Angriffe von außen werden. Sie können schnell und effektiv ein Gespräch in die richtigen Sympathiebahnen bewegen, wenn Sie es für richtig halten. Wenn Sie zum Beispiel wissen, dass eine Ihrer Schwächen in Vorträgen ist, zu leise zu reden, dann sprechen Sie diesen Umstand einfach zu Beginn Ihrer Rede an.

Sie werden sehen, dass Fehler und Misserfolge ein unumgehbarer Teil von Fortschritt und Weiterentwicklung sind. Mit diesem Wissen können Sie gelassener an Ihr Leben herangehen. Mit der Kraft der Gelassenheit lebt und handelt es sich einfach besser.

Um in der Kommunikation mit anderen wirklich erfolgreich zu sein, ist es deshalb wichtig, in einem ersten Schritt die eigenen Schwächen und Fehler zu finden. Der zweite Schritt ist die Akzeptanz derselben. Haben wir diese Phasen hinter uns, können wir die verbindende Kraft der eigenen Schwächen nutzen. Mein Anspruch ist daher, die Qualität der Kommunikation und somit die Qualität des Lebens meiner Leserinnen und Leser, also augenscheinlich auch Ihres, entscheidend zu verbessern. Das kann mit der Königsdisziplin der Selbstironie gelingen.

Die Schwächen von Superhelden: Was ist Ihr Kryptonit?
Mein Sohn brachte mich auf einen spannenden Gedanken. Er ist gerade vier Jahre alt geworden und fängt an, sich mit Superhelden zu beschäftigen. Ich weiß, etwas früh. Aber halten Sie mal Kinder von ihren Wünschen ab …

Haben Sie sich jemals gefragt, weshalb Superhelden eigentlich so beliebt sind? Nicht nur bei Kindern, sondern auch bei Erwachsenen? Weil sie Superkräfte besitzen? Weil sie ein perfektes Leben führen und allen Herausforderungen standhalten? Weil sie immer eine Lösung für jedes Problem finden?

Ich denke ja, jedoch ist das nur die halbe Wahrheit. Natürlich faszinieren uns die übermenschlichen Fähigkeiten. Doch ein Charakter bekommt auch durch seine dunklen Seiten Tiefe. Es ist dieser ewige Kampf mit den eigenen Schwächen und Lastern, welcher uns fasziniert. Superhelden sind deshalb bereits seit Jahrhunderten beliebt, da sie uns sehr ähnlich sind. Was ich damit meine? Sie werden einwenden, dass Sie des Fliegens nicht mächtig sind. Zumindest nicht ohne Vehikel und für längere Zeit. Keine Angst, ich auch nicht. Doch auch Superhelden müssen Sympathien aufbauen, sonst werden sie vom Markt nicht akzeptiert. Und dies gelingt ihren Erfindern, indem sie ihre Figuren nicht vollkommen fehlerlos konzipierten. Wie eben einen Menschen. Betrachten wir einmal einen Superhelden der Antike: Herkules. Was sind seine Schwächen? Nun ja, er ist lediglich ein Halbgott und somit sterblich. Die zwölf Prüfungen, die er zu vollbringen hatte, wären wohl weniger spannend gewesen, wenn er unsterblich gewesen wäre.

Nehmen Sie die beliebtesten Comichelden der jetzigen Zeit. Sie alle haben mehr oder minder große Schwächen. Andere wiederum haben einen enormen Leidensweg hinter sich. Dadurch werden sie angreifbar, sie erzeugen Verständnis und Mitgefühl. Vielleicht sogar Vertrautheit und Vertrauen. Nicht nur für ihre Gegner, sondern auch für das Publikum.

Sogar Superhelden haben Schwächen. Sehen wir uns einen der beliebtesten Vertreter dieser Gattung an: Batman. Bereits seit 1939 gibt es ihn in dieser uns bekannten Form. Doch auch er ist alles andere als frei von Ängsten und Fehlern. Wenn Sie schnell nachdenken, welche Schwäche fällt ihnen sofort ein?

Nun, seine offensichtlichste Schwäche ist wohl das Fehlen von Superkräften. Er hat keine einzige. Das verwunderte mich, schließlich begleitet mich diese Figur ebenfalls seit Kindheitstagen an.

Seine dunkle Seite wird durch seine Lust auf Rache bestimmt, nachdem er seine Eltern bei einem Raubüberfall als Kind verloren hat. Auf dem Grab seiner Eltern schwor er den Kampf gegen das Böse. Vergeltung für seine Trauer. Durch Studien der Mathematik, Physik und Technik bildete er sich weiter. Darüber hinaus lernte er verschiedene Kampftechniken. All das ermöglichte ihm das Erbe seiner Eltern. Denn im „wahren" Leben tritt er als sehr reicher Firmeninhaber Bruce Wayne auf. In den aktuelleren Verfilmungen wird die Darstellung des Charakters immer „dunkler". Er ist eben *nicht* der ultimative Superheld ohne Sorgen. Dieser Charakter funktioniert, weil er menschlich dargestellt wird. Tiefe erlangt er über seine traurige Geschichte, den Kampf gegen sich selbst und seine Begierden. Sie sehen, diese Figur ist einem realen Menschen sehr ähnlich, was ihn uns wiederum emotional näherbringt. In Wahrheit erlangt er seine Stärke aus seinen Schwächen. Und genau darum geht es im Leben: aus jeder Facette seiner Persönlichkeit das Beste zu machen.

Schauen Sie sich einen anderen Superhelden der Moderne an – Spiderman. Der Mann, der von einer genmanipulierten Spinne gebissen wurde und seitdem übermenschliche Spinnenkräfte besitzt. Er kann an Wänden hochklettern, Spinnenfäden erzeugen und sein sechster Sinn schlägt Alarm, kurz bevor etwas passiert.

Was sind jedoch seine Schwächen? Ich würde sagen, Peter Parker. Das ist seine wahre Identität, wenn er nicht das Spinnenkostüm trägt. Dieser Charakter funktioniert vor allem über den Bruch seiner beiden Identitäten. Als „Spinne" ist er sehr erfolgreich im Bekämpfen des Bösen, als Peter Parker ist er mehr als unerfolgreich. Er verliert seine Jobs, bei den Frauen läuft es nicht so und finanziell ist er ebenfalls nicht auf Rosen gebettet. Darüber hinaus wird sehr oft von seiner engen Beziehung zu seinem verstorbenen Onkel erzählt. Wie Batman erhält er seine Energie aus tragischen Elementen seines Lebens.

Die Medien trachten danach, solche Helden aus realen Personen zu erschaffen. Kennen Sie die Geschichte von Paul Robert Potts? Er war Teilnehmer der britischen Castingshow „Britain's Got Talent" im Jahr 2007. Vielleicht haben Sie gesehen, wie dieser Mann auf die Bühne gekommen ist. Sofort wurde er in gewisse Schubladen in unserem Hirn gesteckt. Für alle, die sich an diese Szenen nicht mehr erinnern können, hier der Link zum Auftritt:

www.youtube.com/watch?v=1k08yxu57NA

Vor seinem Auftritt hätte wohl niemand nur einen Pence oder Cent auf sein Weiterkommen gesetzt. Zu stark prägte sein visuelles Erscheinungsbild seinen Auftritt. Er vermittelte hohe Nervosität, sein Gesichtsausdruck wirkte verzweifelt. Dazu kamen ein leichter Sprachfehler, schiefe Zähne und seine Korpulenz. Doch sein Gesang war wunderbar und so gewann er am Ende die Show. Allein in Deutschland verkaufte er an die 3,5 Millionen Platten mit seinem wunderbaren Operngesang. Doch war es seine Stimme allein, die die Menschen veranlasste, seine Musik zu kaufen? Ich denke nicht. Es war vor allem seine Geschichte. Seine Schwächen und privaten Misserfolge. Diese brachten ihn uns näher und seine Platten in unsere Regale.

Erfolge verbinden. Schwächen jedoch genauso.

Eigenverortung durch Eigenverantwortung – Fehlerfindung ermöglichen

Es gibt einen enorm wichtigen Punkt, den ich nun ansprechen will. Er bildet quasi das Fundament des Erfolges in der Eigenwahrnehmung. Sie sollten sich stets als eigenverantwortliche Person wahrnehmen, die allein für die eigenen Ergebnisse verantwortlich ist. Alles andere mündet in eine Schuldzuschreibung an die Außenwelt. So werden Fehler und Makel ausgegliedert. Das bringt uns in dem Vorhaben, ein selbstironischen Selbstkonzept zu kreieren, keinen

Schritt weiter. Übernehmen Sie einfach Verantwortung für Ihr Handeln und eigene Fehler werden leichter auffindbar. Veränderungsresistenz scheint jedoch viel verbreiteter zu sein. Dies ist die Entscheidung für den leichteren Weg, da wir nicht ins Handeln kommen müssen.

Auf einer Messe beobachtete ich kürzlich folgendes Verhalten von zwei Messeausstellern: Sie verkauften an den fünf Tagen der Messe fast nichts und gaben natürlich den Kunden die Schuld an der Misere. Es ging um ein Minus in der Höhe von mehreren tausend Euro. Erklärungen für ihren Misserfolg hatten sie natürlich parat: Der Standplatz war nicht optimal, die Kunden nicht zahlungskräftig, die Stimmung im Messeteam schlecht, das Wetter zu gut etc. Diese Ausreden kennen Sie sicher auch. Vielleicht sogar von sich selbst. Ich habe sie mehr als hundert Mal in verschiedensten Kombinationen und Ausprägungen gehört. Sie alle zielen darauf ab, dass wir selbst nicht ins Handeln kommen müssen. Die anderen sollen dies gefälligst erledigen, schließlich trifft uns keine Form der Schuld. Wir igeln uns so richtig ein in unsere Komfortzone und machen die Tür zu.

Obgleich alle anderen Messeaussteller offensichtlich viel mehr verkauften, blieben die beiden Betroffenen bei ihrer Meinung. Anstatt motivierter zu werden, dass es mit dem Verkaufen der eigenen Waren doch noch klappen kann, ergaben sie sich lieber ihrem Schicksal. Eigentlich schufen sie es sich selbst. Dies führte dazu, dass diese negative Einstellung Auswirkungen auf ihr eigenes Verhalten hatte. Schlechte Laune ist genauso ansteckend wie gute Laune.

Wenn es um potenzielle Kunden geht, empfiehlt es sich, freundlich, gut gelaunt zu sein und Charme zu versprühen. Eine Binsenweisheit. Dennoch findet die Umsetzung in unserer Dienstleistungsgesellschaft viel zu selten statt. Durch ihre selbst gewählte Einstellung suchten die beiden Aussteller keinen Blickkontakt mit den Kunden, trugen keine Form der Nähe – weder emotionaler noch körperlicher Natur – und keine dienstbereite Körpersprache nach außen. Folglich verkauften sich die Produkte, welche sehr gute Qualität hatten, immer schlechter. Je weniger verkauft wurde, desto schlechter wurde die Stimmung. Je schlechter die Stimmung wurde, desto weniger wurde verkauft. Der berühmte Teufelskreis.

Dies gipfelte darin, dass die beiden Aussteller an den letzten Tagen die Kunden gar nicht mehr beachteten, sondern sich lieber mit ihren Handys und Tablets auseinandersetzten. Dementsprechend sahen dann die Verkaufszahlen aus. Das Einzige, was ihnen neben den Produkten nicht ausging, waren die berühmt-berüchtigten Ausreden. Wieder eine selbsterfüllende Prophezeiung mit fatalen finanziellen Folgen für die beiden. Hätten sie an ihrem Verhalten etwas geändert, wäre das Ergebnis ein anderes gewesen. Doch durch die Schuldzuweisung an die Außenwelt kamen sie nicht ins Handeln. Das ist die Krux an dieser Strategie. Man kann so weitermachen wie immer.

Ich nehme mich persönlich gar nicht aus der Verantwortung. Auch mir passieren diese Schuldzuweisungen an die Außenwelt andauernd. Wenn eine Gruppe nicht gleich zu motivieren ist, gebe ich schnell den Teilnehmern die Schuld: Sie sind halt nicht zu motivieren, sie können mir nicht folgen usw. Das mag kurzzeitig gut für den Selbstschutz sein. Für die Qualität des Trainings bringt es genau nichts. Viel sinnvoller wäre die Frage: Was kann *ich* ändern, damit die Gruppe motiviert wird? Vielleicht stimmt ja etwas mit *meinem* Vortrag oder mit *meinen* Strategien nicht. Das tut im ersten Moment zwar weh. Es ist aber der einzige Weg, der mich voranbringen kann.

Sie kennen bestimmt eigene, für Sie besser passende Beispiele. Wenn Sie das nächste Mal der Drang überkommt, jemand anderem die Schuld für irgendetwas zu geben, überlegen Sie sich, was diese Vorgehensweise Ihnen bringen soll. Schuldzuweisungen liefern nämlich nur Bestätigungen dafür, selbst nichts tun zu müssen. Suchen Sie stattdessen lieber nach Möglichkeiten und Ansatzpunkten, auf welche Sie selbst Einfluss haben. Diese Gedanken bringen Sie in Ihrer Entwicklung massiv weiter. Sie wirken automatisch auch nach außen hin sympathischer. Fehler sind leichter auffindbar und in einem weiteren Schritt verwertbar für die eigene kommunikative Kompetenz. Das ist zweifelsohne nicht der einfache Weg. Aber sonst würde ihn ja jeder gehen ...

Haben Sie trotz meiner gebetsmühlenartigen Predigten und Lobpreisungen von Fehlern keine eigenen Schwächen, Makel, Fehlentscheidungen, Misserfolge gefunden, dann gratuliere ich ebenfalls. Ab nun haben Sie die Möglichkeit, auch auf diese Seite Ihres Lebens den Fokus zu legen. Es wird Ihr Leben bereichern. Vor allem, wenn Sie über die Fundstücke lachen können.

Bei all dem Fokus auf die eigenen Fehler sei übrigens nicht vergessen, dass Stärken ebenfalls wichtig sind. Machen Sie sich als Person nicht grundlos herunter. Das eine schließt das andere ja nicht aus. Stärken-Testungen gibt es viel mehr als Schwächen-Testungen. Machen Sie ruhig verschiedene Stärkenanalysen und beschäftigen Sie sich im Anschluss eben mit den Werten, die keine hohe Ausprägung erlangt haben. Verschließen Sie nicht die Augen. Sie werden bestimmt fündig werden und Sie können nachhaltig davon profitieren.

Das Inkompetenzportfolio – Schwächen finden leicht gemacht
Ich lade in diesem Kapitel zu etwas durch und durch Außergewöhnlichem ein. Kein Kompetenzportfolio, keine SWOT-Analyse, kein DISG-Test, kein Big-Five-Test. Nein. Diese Testungen macht doch jeder. Die ausgetretenen Pfade führen uns nicht dorthin, wo wir hinwollen.

Nun sehen wir uns wirklich mal an, wie Ihre Achillesfersen

aussehen. Wir widmen uns ganz unseren Schwächen, Makeln, Misserfolgen, Auffälligkeiten, Abweichungen von der Norm etc.

Nach welchen Kriterien teilen wir unser Leben ein? Ich würde prinzipiell sagen: in Privatleben und Berufsleben, sofern vorhanden. Mehr gibt es eigentlich gar nicht, dennoch sind diese Kategorien viel zu grob, um mit ihnen zu arbeiten. Was sind Bereiche in unser aller Leben, die wir für eine selbstironische Inszenierung nutzen können?

Ilja Grzeskowitz hat in seinem Buch „Attitüde" ein Erfolgsrad angeführt. Machen wir doch ein Misserfolgsrad daraus und nehmen Schwung auf. Seine Oberkategorien sind:
– Karriere
– Geld
– Beziehung/Partnerschaft
– Gesundheit
– Persönliche Entwicklung
– Freunde und Familie
– Sport

Bewerten Sie diese Punkte in einer Skala von 1 bis 10 je nach Selbstironiepotenzial. Wenn Sie total mies in sportlichen Bereichen sind, dann bewerten Sie diese Kategorie mit einer 10. Machen Sie sich einfach lustig über Ihre sportlichen Schattenseiten. Ich tue dies des Öfteren mit meinen nicht vorhandenen Skifahrkünsten. Wenn Sie in einem fremden Land sind und sagen, Sie seien Österreicher, dann kommt sofort die Frage, ob Sie Skifahrer sind. Leider habe ich persönlich noch nicht die Liebe zum Wintersport entdeckt. Aber das kann ich ja meinem Gegenüber mitteilen. Ich sage dann immer: „Am Skifahren mag ich einfach alles. Außer eben das Skifahren an sich. Das Einkehren in Hütten ist jedoch toll." Manchmal spreche ich auch ganz offen meine Ängste an: „Ich habe auf diesen zwei dünnen Brettern wirklich Angst, mir etwas zu brechen. Der Kontrollverlust macht mir zu schaffen." Das Gegenüber reagiert meist mit Verständnis und die Basis für Sympathie ist hergestellt. Über Ängste wird selten so offen in so schneller Zeit gesprochen. Das signalisiert ja auch irgendwie Vertrauen in Richtung meines Gesprächspartners.

Bitte machen Sie diese Bewertung für jeden einzelnen Punkt und überlegen Sie sich, weshalb Sie Schwächen in diesen Punkten aufweisen. Dann können Sie ein tolles selbstironisches Fundament schaffen.

Der Stellenwert Ihrer Schwachpunkte kann in der Sympathiegewinnung gar nicht hoch genug eingeschätzt werden. Dennoch setzt beinahe niemand diese bewusst ein. Sie haben nun die Chance, mit diesem Wissen Ihre Kommunikationspartner nachhaltig positiv zu beeinflussen. Ich lade Sie ein, nachzudenken. Ohne Schweiß kein Preis. Oder war es Fleiß?!?

Das Entscheidende für ein spannendes Selbstkonzept, auf welchem wir dann selbstironisch agieren können, sind die Auffälligkeiten in unserem Leben. Nur, wie finden wir diese? Einige Komponenten habe ich ja bereits dargebracht, wie das Visuelle oder Alter im Speziellen, das Misserfolgsrad.

Weitere Impulse folgen nun. Die Vervollständigung der unten stehenden Sätze sollte uns dabei behilflich sein, unser Repertoire zu vergrößern.
- Meine Partnerin/mein Chef/meine Familie ärgert sich immer über folgende Dinge bei mir ... ich kann nicht mit Kritik umgehen, ich bin zu laut, ich bin zu leise, ...
- In der Schule/in der Ausbildung war ich schlecht in ... Mathematik, Latein etc.
- Meine Freunde sagen, dass ich ein ... z. B.: Tollpatsch bin ...
- Meinen letzten Job hab ich verloren, weil ...
- Ich ärgere mich über mich, wenn ich ...

- Ich bin unzufrieden mit mir in folgenden Bereichen ...
- Mit anderen Menschen komme ich schwer ins Gespräch, weil ...
- Wenn ich nervös bin, dann ...
- Bei diesen Sachen werde ich nervös: ...
- In dieser Situation bin ich aber ins Fettnäpfchen getreten: ...
- Ich schäme mich, wenn ich ...
- In Diskussionen kann ich mich nicht durchsetzen, weil ... ich nicht so gut argumentieren/meine Klappe nicht halten/schlecht Forderungen stellen/nicht Nein sagen/nicht nachgeben kann
- Ich muss mich in folgenden Bereichen verbessern: ...
- Ich habe Angst vor folgenden Situationen ...
- Besonders peinlich war mir folgende Situation: ...
- Man vergleicht mich öfters mit folgenden Personen: ...
- Weshalb vergleicht man mich mit den oben genannten Personen: ...
- Ich vergesse ständig: ...
- Für diese Geschichten ernte ich öfters Lacher von meinem Umfeld: ...
- Für diese Geschichten werde ich beäugt, da sie nicht der Norm entsprechen: ...
- In diesen Bereichen bin ich anders als der Durchschnitt: ...
- ...

Checkliste für das Herstellen von Sympathie
Weitere Selbstironie-Möglichkeiten ergeben sich über folgende Themenkomplexe, welche nicht unbedingt sofort visuell von Ihren Kommunikationspartnern erfassbar sind:
- Laster: beispielsweise das Essen des Inhalts von 1-Kilogramm-Nutella-Gläsern, meine Liebe zu sündhaft teuren Rumsorten etc.

- Spleens: die eigene Wohnung dreimal am Tag putzen, täglich unter dem Sofa reinigen
- der eigene Dialekt: siehe Arnold Schwarzenegger oder Stefan Verra
- etwaige Sprachfehler
- Geld: Rede über dein nicht vorhandenes Geld am Konto – Ich verdiene sehr viel Geld, leider bezahlt es mir keiner.
- gescheiterte Investitionen
- missratener Urlaub
- wofür Sie gerne Geld ausgeben: Schuhe, Uhren, Kinder etc.
- Orte, an denen Sie wohnen und wie Sie dort wohnen: Es gibt überall Orte, an denen man vom sozialen Status her nicht wohnen sollte, aber unter Umständen muss. Oder es gibt Besonderheiten dieses Heimatortes, welche sich selbstironisch verwerten lassen.
- schlechte Noten in Schule oder Studium: In der Schule war jeder, somit haben Sie einen schnellen Anknüpfungspunkt.
- fehlende Erfahrung auf irgendeinem Gebiet
- Arbeitslosigkeit, viele wechselnde Arbeitgeber
- Erfolglosigkeit bei Diäten
- ausgeübte Berufe: Suchen Sie einfach Berufe in der eigenen Vita, welche große Angriffsflächen bieten – Ich bin einer dieser gierigen „Bankster", der nur auf euer Geld aus ist ...
- gescheiterte Selbstständigkeit: Sind Sie schon mal als Selbstständiger gescheitert? Nutzen Sie diesen Umstand! Ich hatte mal einen Teilnehmer, der mit drei verschiedenen Gastronomieläden pleiteging. Hintereinander. Er stellte sich bei mir so vor: „Ich bin ein Garant für Erfolg! Haben Sie zu viel Geld? Engagieren Sie mich!"
- Ängste: Auch diese können emotionale Verbindung herstellen, weil jeder weiß, wie es sich anfühlt, ängstlich zu sein. Spinnen, Schlangen etc. eignen sich sehr gut für

eine schnelle Kontaktaufnahme und ein gutes Smalltalk-Thema.
- Misserfolge im Studium: Werde ich gefragt, was ich studiert habe, antworte ich immer wahrheitsgemäß: „Ich bin studierter Psychologe" – Pause –, „zumindest habe ich es fünf Wochen durchgehalten, bevor ich abgebrochen habe. Sie sehen also, eine Stärke von mir ist Durchhaltevermögen. Ich verbeiße mich in meine Vorhaben wie ein Faultier."
- der Klang der eigenen Stimme: hoch/tief – laut/leise – sonstige Besonderheiten, auf die Sie schon öfters angesprochen wurden.
- Partnersuche: eher die Misserfolge und besonderen Situationen bei der Partnerauswahl
- Scheidungen
- diverse Klischees: blond ist blöd, dick ist gesellig usw.
- körperliche Gebrechen allgemein
- Sportarten, an denen Sie scheitern

Fühlt es sich für Sie ein wenig merkwürdig an, sich so pointiert mit Ihren Fehlern und Misserfolgen auseinandersetzen zu müssen? Keine Angst, das ist völlig normal. Außerdem ist das gut so. Es würde mich wundern, wenn es anders wäre. Es ist ein Zeichen dafür, andere Pfade zu beschreiten. Das muss sich einfach anders anfühlen als Routine.

Selbstironie oder generell eine humoristische Einstellung zum Leben darf nicht mit Zynismus verwechselt werden. Ich betrachte eine selbstironische Ausrichtung als Sprungbrett für eine Weiterentwicklung, wobei Zynismus für mich gleichwertig ist mit Stillstand und der Akzeptanz dieses Umstandes. Außerdem richtet sich dieser Spott nicht gegen sich selbst, sondern eher gegen das Umfeld. Zynisch sind vor allem Menschen, die vom Leben nichts mehr erwarten und resigniert haben. Genau dies möchte ich Ihnen nicht mit auf den Weg geben. Erwarten Sie viel und tun Sie auch etwas dafür.

Ich habe in zahlreichen Trainings die Erfahrung gemacht, dass die Leute durchaus wissen, welche ihre grundlegenden Schwächen sind. Ihnen fehlt jedoch das Wissen oder das Selbstvertrauen, diese Schwächen anzunehmen und aus ihnen etwas zu machen. Ihre Stärken zu nennen fällt ihnen oftmals noch ein Stück weit schwerer. Wir möchten schließlich keine allzu hohen Erwartungen beim Gegenüber wecken, nicht wahr? Lieber die Latte schön tief hängen, um sie mit Leichtigkeit überspringen zu können.
Doch Sie sollten natürlich beide Seiten an sich selbst wahrnehmen und dadurch wertschätzend präsentieren können. Die berühmte Mischung macht es aus. Ich würde sagen, Pareto hat auch hier recht: 80 Prozent Stärke, 20 Prozent Schwäche im Kommunikationsakt. Die Schwächen und persönlichen Niederlagen dürfen immer wieder durchblitzen. Nie so viel, dass das Gegenüber geblendet wird. Doch die Wahrnehmungsschwelle soll deutlich überschritten werden. Vor allem zu Beginn der Konversation.

Das Misserfolgsjournal – trotz Niederlagen glücklich

Ich lege Ihnen nun etwas ans Herz, was höchstwahrscheinlich niemals jemand getan hat oder tun wird. Ich möchte, dass Sie aktiv gegen den Strom schwimmen und dadurch zum persönlichen Erfolg gelangen. Verschiedenste Motivationscoaches oder Glücksexperten schlagen vor, ein Erfolgstagebuch zu führen. Sogar Hirnwissenschaftler schlagen diese Vorgehensweise vor. Warum? Weil Glück – laut dem Hirn- und Glücksforscher Shawn Achor – dem Erfolg zuvorkommt und nicht umgekehrt. Was meint er damit? Nun ja, oftmals gehen wir davon aus, dass wir erfolgreich sein müssen, um Glücksgefühle erleben zu dürfen. Achor dreht den Spieß um und meint in seinem Buch „Before

Happiness: Five Actionable Strategies to Create a Positive Path to Success", dass wir in einem glücklichen Zustand bessere Entscheidungen treffen, die im Weiteren Erfolge erst ermöglichen. Mit einem Erfolgstagebuch können Sie versuchen, Ihre Gedanken auf das Positive zu richten, um dann die Ernte einfahren zu können.

Nicht nur Erfolge können uns dahin führen, auch Dankbarkeit für das, was wir haben, kann uns glücklich machen. Diese Strategie, sich rein aufs Positive zu konzentrieren, ist meiner Meinung nach zu einseitig gedacht. Ich bin der Meinung, nichts unter den Teppich kehren zu müssen. Deshalb schlage ich vor, ein zweites Buch zu führen: ein Fettnäpfchenbuch. Halten Sie darin auch Ihre negativen Erlebnisse des Tages fest. Woran sind Sie gescheitert? Was ist so richtig in die Hose gegangen? Was hätte besser laufen können? Führen Sie das Büchlein so lange, bis Sie ein paar interessante Storys gefunden und zu Papier gebracht haben. Dann sollte genug Bewusstsein und Wertschätzung für die nicht so tollen Momente in Ihrem Leben geschaffen worden sein.

Ich möchte jedoch auf gar keinen Fall, dass Sie auf den negativen Elementen verharren. Das wäre doch zu schade. Außerdem könnte jegliche Motivation flöten gehen, Schwächen auch mal auszumerzen, wenn sie stören. Wissen Sie, was das Tolle am Ausmerzen und am Dazulernen ist? Sie werden weiterhin Fehler begehen, nur auf höherem Niveau. Das ist doch toll. Und schon wieder haben wir etwas zu erzählen und können uns lustig darüber machen. Mit Freuden Fehler begehen. À la longue werden Sie das Leben wohl viel gelassener sehen.

Sie sollen natürlich ebenso durch die positiven Seiten Ihres Lebens motivierter und dankbarer werden. Wenn Sie sich mit Ihren „Schattenseiten" beschäftigen, gelangen Sie zu mehr Gelassenheit und einer gesünderen Einstellung zu sich selbst.

Alles kann gar nicht glattlaufen im Leben. Daher interessieren sich Leute einfach für Brüche in einem Lebenslauf, für Ups and Downs und nicht für den geraden Weg Richtung Erfolg. Darauf können Sie spannendes und vor allem humorvolles Storytelling aufbauen. Das selbst geführte Büchlein soll Ihnen dabei helfen, sich als gesamtheitliche Persönlichkeit wahrzunehmen. Und wenn dieser Blick auf die eigene Person gelingt, können Sie Ihre eigenen Geschichten so aufbauen, dass sie für andere noch unterhaltsamer werden.

Zum Ausklang

Verantwortlich ist man nicht nur für das, was man tut, sondern auch für das, was man nicht tut.

(LAOTSE)

Was ich mit meinem Buch nicht sagen will

Ohne entsprechendes Hintergrundwissen oder bei oberflächlicher Betrachtung ist mein Buch sehr leicht missinterpretierbar. Deshalb noch ein paar Worte zum Abschluss.

Ich möchte mit meinen flammenden Plädoyers für Fehler, Misserfolge und die negativen Seiten des eigenen Lebens auf keinen Fall vermitteln, dass Sie sich nicht weiterentwickeln sollen! Das wäre fatal. Dort stehenzubleiben, wo wir sind, ist doch in Wahrheit langweilig.

Auf gar keinen Fall sollen meine geschriebenen Zeilen gegen eine persönliche Weiterentwicklung sprechen. Doch das Fundament, auf welchem Weiterentwicklung stattfinden kann, soll durchaus gestärkt werden. Deshalb ist das Fundament Ihr Selbstkonzept. Ich denke, Sie wissen nun, worauf ich hinauswill. Akzeptieren Sie Ihre Schattenseiten und die Möglichkeit von Misserfolgen, um die nächste Stufe Ihrer persönlichen Entwicklung mit Freude und Motivation nehmen zu können. Fehler und vor allem die Bereitschaft, Fehler zu begehen, sind unabdingbare Bestandteile von Weiterentwicklung.

Das Schöne daran: Sie werden nie aufhören, Fehler zu begehen und Misserfolge zu feiern. Denn ein böser Schelm könnte behaupten, dass Niederlagen ja das Salz in der Suppe des Lebens seien, wenn er dieses Buch durchgelesen hat. Das Einzige, das sich verändert, ist das Niveau, auf welchem Misserfolge stattfinden werden. Das ist das Tröstliche daran.

Dieser Umstand erinnert mich an die Diskussion in der Wissenschaft. Genauer gesagt an die Diskussion verschiedener Philosophen zu Beginn des 20. Jahrhunderts. Ihre Vermutung war, dass ab einem bestimmten Stand der Forschung alle Fragen beantwortet sein werden und wir nicht mehr weit von diesem Zeitpunkt entfernt seien. Bedenken Sie dabei bitte, diese Sorge stellte sich bereits vor hundert Jahren ein. Wo stehen wir heute?

Wie Sie bestimmt aus Ihrem Umfeld wahrnehmen: Eher das Gegenteil ist der Fall. Es stellen sich mehr Fragen und sie scheinen bedeutender denn jemals zuvor. Es scheint sogar so zu sein, als ob wir mit jedem Wissen gleichzeitig zusätzliche Fragegebiete erkennen. Neue Wissenschaftszweige entstehen beinahe im Minutentakt. Die Fülle an „beforschbaren" Gebieten wird immer größer. Jede Lösung führt augenscheinlich auch zu neuen Problemen und diese wiederum zu neuen, uns bis dato noch nicht bekannten Fragen. Diese sind also ein immanenter Bestandteil, sozusagen die zweite Seite der Medaille von Fortschritt und Erkenntnis. Überspitzter könnte ich es so formulieren: Je mehr wir wissen, desto mehr wird uns bewusst, wie wenig wir eigentlich wissen.

Erkenntnis führt zur Unkenntnis. An diesem Punkt schließt sich der Kreis zur Aussage vom Philosophen Sokrates. Wir gelangen immer mehr zu der Erkenntnis, dass wir – beinahe – nichts wissen. Und selbst dies ist ungewiss.

Auf ähnliche Weise führt daher persönliche Weiterentwicklung dazu, dass wir auf neuen Schwächen stoßen. Ein kleines Beispiel: Ich wusste nie, wie schlecht ich Tennis spiele, bis ich es ausprobierte. Jetzt nehmen wir mal an, mich packt die Motivation und ich beginne diesen Sport professionell zu trainieren. Ich engagiere einen Trainer, kaufe mir das beste Equipment und trainiere wie ein Besessener. Mein Tennisspiel wird sich wahrscheinlich verbessern – verschlechtern wäre eine Kunst. Mein Aufschlag wird das Netz öfter regelkonform überqueren als zu Beginn meines Trainings. Wahrscheinlich auch schneller und kontrollierter. Meine Fußarbeit wird sich verbessern. Meine Schläge werden präziser. Meine Bälle werden vermehrt dort aufkommen, wo ich sie platzieren wollte. Mit Videoanalyse analysiere ich jede Bewegung. Was werde ich durch die intensive Beschäftigung mit diesem Themenbereich erkennen? Natürlich neue Fehler, jedoch auf höherem Niveau. Mein Coach wird mir Tipps geben, wie ich mich weiter verbessern kann. Zuerst beginne ich, gegen Gegner auf meinem bescheidenen Niveau zu spielen. Bei entsprechenden Erfolgen werde ich mich stärkeren Gegnern widmen, um zu erkunden, wie weit ich schon bin.

Mein Körper wird sich verändern. Er wird sich den Strapazen anpassen. Meine Psyche wird sich ebenso den Strapazen und dem Nervenkitzel anpassen, der jedem Match innewohnt. Ich werde meinen Stil in diesem Sport finden. Spiele ich lieber an der Grundlinie oder bin ich besser am Netz? Wie gut ist mein Aufschlag wirklich? Je besser der Gegner ist, desto mehr Fehler werde ich machen. Es sind jedoch gänzlich andere Fehler als zu Beginn meiner Tenniskarriere. Es sind Fehler auf höherem Niveau. Je weiter ich mich steigere, desto mehr Fehler werde ich begehen.

Selbst der beste Tennisspieler der Welt wird Fehler begehen. Diese sind unter Umständen für das ungeschulte Auge gar nicht erkennbar. Der 17-fache Grand-Slam-Sieger – der Schweizer Roger Federer – antwortete 2004 auf die Frage, wie es sich anfühlt, Nummer eins der Weltrangliste zu sein: „Es ist großartig. Jeder befindet meine guten Schläge plötzlich für herausragend und meine schwächeren als fast herausragend." Vor Fehlern oder Unzulänglichkeiten ist somit niemand gefeit.

Gelegenheiten, um Fehler zu begehen, werden uns niemals ausgehen. Egal, auf welchem Niveau wir uns aktuell befinden. Akzeptieren wir dieses Faktum und streben nicht nach Perfektion. Der Drang nach Perfektion legt eher nahe, sich nicht aus der persönlichen Komfortzone zu bewegen.

Nachdem wir jedoch jeglichen Fehler, jeglichen Misserfolg für unsere Kommunikationsstrategie nutzen können, verlieren diese ihren Schrecken. Gelassen mit Fehlern umgehen, das ist das Ziel, zu welchem ich hoffentlich ein wenig beitragen konnte. Den Weg müssen Sie allein gehen. Berichten Sie mir davon. Nichts und niemand ist belanglos.

Nachspiel

Auch Städte, Kommunen und Fernsehshows können Selbstironie. In der schönen Steiermark gibt es alles, was wir uns wünschen. Sensationelle Kulinarik, großartige Gastfreundschaft und wunderschöne Landschaften. Was wir nicht haben, ist Zivilisation. In manchen Gegenden steppt nun wahrlich nicht der Bär. Im wunderschönen, aber eben nur sporadisch besiedelten Gebiet der Südoststeiermark wird dies in Form eines Festivals wertgeschätzt. Dieses findet einmal im Jahr statt und heißt: Viva La Pampa. Wenn das nicht selbstironisch ist.

Sie müssen nicht in die Steiermark reisen, um städtische Selbstironie zu erfahren. Berlin beispielsweise hat verstanden, was die hauseigenen Schwachpunkte sind. Auf einem Schild entdeckte ich die Aufschrift: „Berlin – wir können alles außer ..." Dem folgen drei Symbole: ein Flugzeug, eine S-Bahn und ein Fußball.

Großartig, oder? Wobei für Fußballfans, Flughafen- und S-Bahn-Benutzer wohl weniger. Für alle, die nicht wissen, was gemeint ist: Die Berliner Fußballklubs sind frühestens in der zweiten deutschen Liga zu finden. Der Berliner Flughafen befindet sich seit 2006 (!) im Baustadium und verschlingt eine weitaus höhere Summe, als ursprünglich kolportiert. Die S-Bahn in Berlin ist seit einem Wartungsskandal 2009 dafür bekannt, unpünktlich zu sein. Selbstironie verbessert zwar nicht die angesprochenen Probleme, aber zeigt das Bewusstsein dafür. Das ist doch schon einmal ein sympathischer Anfang, der zum Schmunzeln bringt. Das würde ich mir von Städten oder Ländern öfter wünschen. Denn in Wahrheit wird damit Stärke demonstriert, da bewusst auf die eigenen Fehler hingewiesen wird. Wahre Größe eben.

Das Buch zu schreiben war ein sehr spannender Prozess für mich. Ebenso stellte es für mich ein gewisses Wagnis dar.

Was, wenn ich nicht fertig geworden wäre? Was, wenn sich kein Verlag dafür interessiert hätte? Was, wenn mir die Geschichten ausgegangen wären? Glücklicherweise ist nichts von dem eingetreten.

Fertig wurde ich, obwohl im letzten Drittel des Schreibens meine Tochter das Licht der Welt erblickte. Schlafmangel und noch weniger Zeit für das Buchprojekt waren die Folge. Einen Mangel an Zeit lasse ich ab sofort nun nicht mehr gelten. Es geht wirklich um Prioritätensetzung. Wenn die Motivation groß genug ist, schaffen wir jede Herausforderung. Wenn die Motivation groß genug ist, ist Schlafmangel ein Problem, das wir gerne in Kauf nehmen.

Mein Verlag war ebenso Feuer und Flamme wie ich für das Buchprojekt. Und dies vom ersten Moment an.

Es ist interessant zu sehen, welch Menge an Geschichten zusammenkommt. Zu Beginn des Schreibprozesses hätte ich dies nicht für möglich gehalten. Nun sind sogar schon Ideen für weitere Bücher vorhanden.

Allerdings ist das Buch nun persönlicher geworden, als ich es ursprünglich schreiben wollte. Dies ergibt sich einfach daraus, dass die spannendsten und unterhaltsamsten Geschichten, die ich kenne, nun mal meinem eigenen Leben entspringen. Die Auswahl der Beispiele zeigt natürlich auch Facetten meiner Persönlichkeit. Wo wir nicht hinsehen, können wir schließlich auch nichts sehen.

Ein Buch zu schreiben war, wie gesagt, für mich mit sehr vielen Unsicherheitsfaktoren behaftet:
- Wo führt der inhaltliche Weg hin?
- Ist das Thema interessant?
- Werde ich fertig?
- Schreibe ich interessant genug?
- Wird es jemand lesen und zuvor auch Geld dafür bezahlen?

Dennoch wagte ich den Schritt. Es ist so wie im Leben auch. Wir wissen nicht, wo der Weg uns hinführt, und dennoch müssen wir auf der Basis dieser Ungewissheit Entscheidungen treffen. Wir fragen uns bei solchen Gelegenheiten: „Was ist das Schlimmste, das passieren könnte?" Bei mir wäre das vor allem eine immense Zeitinvestition gewesen. Zeit ist Geld. Wobei ich schon sehr viel Lebenszeit sinnlos vertrödelt habe. Dahingegen war der Prozess des Buchschreibens eine Wohltat. Frei nach meinem Coach Niels Koschoreck: „Manche Leute geizen mit ihrem Geld, aber gehen verschwenderisch mit ihrer Zeit um. Das ist eine wesenhaft falsche Prioritätensetzung, denn Geld ist ersetzbar, Zeit nie."

Ich habe sehr viel gelernt in diesem Prozess, vor allem über mich selbst. Darüber hinaus habe ich weitere spannende Persönlichkeiten kennengelernt, die sich mit mir über den Inhalt des Buches austauschten. Auch wenn niemand das Buch kaufen sollte, war es, aufgrund meiner gemachten Erfahrungen wert, geschrieben zu werden. Außerdem hätte ich dann eine weitere tolle Misserfolgsgeschichte zu erzählen. Ich würde dies in meinen Trainings vielleicht folgendermaßen machen: „Stellen Sie sich vor: Ein Jahr harte Arbeit und niemand wollte das Buch haben. Ich bin dann halt doch ein Stephen King für Arme."

Nutzen auch Sie die Macht der Selbstironie für Ihr Leben, für Ihren Verkaufserfolg, für Ihre Partnerschaft. Überlegen Sie immer: Was ist das Schlimmste, das passieren kann? Und dann wagen Sie einfach den Schritt. Ich hätte es mein Leben lang bereut, das Buch nicht verfasst zu haben. Ich habe es gewagt, und die Zeit wird zeigen, ob es erfolgreich sein wird oder eben nicht. Wie auch immer, das Buch stellt bereits jetzt einen spannenden Lebensabschnitt in meinem Leben dar. Und nach Spannung suche ich stets.

In diesem Sinne bedanke ich mich und freue mich, von Ihnen und Ihren Erfahrungen zu hören. Mich interessiert, mit welchen Impulsen und Strategien Sie sehr erfolgreich waren. Mich interessiert jedoch auch, wann es nicht so gelaufen ist, wie Sie es sich vorgestellt haben. Daraus können wir lernen und unsere Konzepte weiterentwickeln. Für uns und unsere kommunikative Umgebung.

Das Wichtigste, das ich Ihnen an diesem Punkt mitgeben will: Verlieren Sie nie Ihren Humor. Machen Sie sich über sich selbst lustig. Stehen Sie über den Dingen und unter den Menschen.

Frei nach Stefan Verra: „*Wenn Sie es nicht schaffen, sich über sich selbst lustig zu machen, macht das überhaupt nichts. Das übernehmen andere gerne für Sie.*"

Einen hab ich noch. Ein abschließendes Zitat von mir selbst:

„*Sympathie ist vielleicht nicht immer der beste Weg, aber es ist das Beste, ihn als ersten zu versuchen.*"

In diesem Sinne wünsche ich Ihnen viel Freude und Erfolg auf dem Weg.

Herzlichst

Ihr *Michael Jagersbacher*
training@michael-jagersbacher.at

Leibnitz, Dezember 2014

Danke – meine Verneigung

Ich danke einigen Persönlichkeiten in meinem „Dunstkreis". An erster Stelle natürlich meiner Familie, welche mir den Rahmen für meine „Spinnereien" zur Verfügung stellt. Ich weiß, welche Bürde ich euch auferlege. Allen voran danke ich meinem Filius Jonas, welcher mich stets daran erinnert, welche Werte im Leben wirklich Bedeutung haben und wie sehr ich an meiner Gelassenheit arbeiten muss. Meiner Frau Jasmine bin ich ebenso zu speziellem Danke verpflichtet, da sie meine größte Kritikerin auf diesem Erdball ist – Versagen ist somit keine Option. Darüber hinaus wurden wir während des Schreibprozesses zum zweiten Mal Eltern. Diesmal ist es eine wundervolle und gesunde Tochter, die mir geschenkt wurde. Dafür bin ich unendlich dankbar.

Meiner Familie insgesamt gebührt ein Riesendank. Ohne mein Netzwerk hätte ich niemals die Zeit gefunden, dieses Buchprojekt zu vollenden.

Ein herzliches Dankeschön geht nach Deutschland an meinen Mentor und Freund Ilja Grzeskowitz, welcher mir die Augen mit individuellen Coachings und seinem Buch „Attitüde" öffnete und anschließend meine Potenziale zielgerecht entfaltete. Das Ergebnis dieses Veränderungsprozesses halten Sie nun in Form dieses Buches in Händen. Ich bin sehr stolz darauf. Haben Sie ähnliche Herausforderungen oder Projekte, zögern Sie nicht, Kontakt mit ihm aufzunehmen: *www.grzeskowitz.com*. Er stellte sich auch dankenswerterweise zur Verfügung, ein Vorwort zu verfassen.

Nur ein Mentor wäre zu wenig für mich als „Hansdampf in allen Gassen" – deshalb noch ein Danke an meinen beinahe täglich verfügbaren Mentor, Freund und Geschäftspartner Christian Knonbauer. Er war der Erste, der meinte, dass ich dieses Buch tatsächlich schreiben sollte, und lieferte das eine oder andere selbstironische Beispiel, welches Sie zu lesen bekamen. Gerald Spitzer ist der zweite im Bunde, den ich immer um einen professionellen Rat fragen konnte. Auch an folgende Kollegen und Mentoren sei ein spezieller Dank gerichtet: Martin Sänger, Gabriel Schandl, Boris Nikolai und Niels Koschoreck.

Für wertvolle Impulse bin ich auch Kurt Saurug, Birgit Bernhardt, Christian Repnik, Josef Krassnig, Erich Kiedl, Franz Ortmann, Christine Sudy, Petra und Roland Zistler äußerst dankbar. Ohne sie würde das vorliegende Buch gänzlich anders aussehen.

Meine tausenden von Teilnehmer lieferten ebenso viele Denkanstöße und Geschichten für das vorliegende Buch. Danke dafür. Vielleicht ist ja der eine oder der andere als Leser nun wieder mit dabei.

Nicht zuletzt gebührt meinem Verlag ein großes Dankeschön. Dieser war von Anfang an überzeugt vom Inhalt des Buches. Die Unterstützung war mehr als hilfreich. Danke an euch.

Ein großer Dank gebührt allen, die mich nicht unterstützt haben oder mir sogar abgeraten haben, dieses Projekt in Angriff zu nehmen. Sie kennen bestimmt auch diese Sorte von Neinsagern und Nörglern. Diese Leute haben den Fokus stets aufs Negative gerichtet. Ironischerweise beschäftigt sich das vorliegende Buch genau mit diesem Thema. Dennoch bleiben Sie selbst bitte niemals nur beim Negativen stehen. Dieses Verhalten führt direkt in den Zynismus. Dieser macht alles andere als sympathisch, glauben Sie mir.

Die Mischung macht den Unterschied, der einen Unterschied macht. Mich motivierte dieses negative Feedback durchaus. *Geht nicht gibt's nicht.* Irgendwie zieht sich dieser Spruch durch mein gesamtes Leben, merke ich gerade. Toll.

Sie sehen, ich sollte eigentlich gar nicht allein als Autor auf dem Cover stehen. Zu viele Menschen haben mich nachhaltig beeinflusst und unterstützt. Ohne sie würde das Salz in meiner Lebenssuppe fehlen. Ich freue mich auf viele weitere Geschichten mit ihnen.

Ich freue mich aber auch auf zukünftige Geschichten mit Ihnen, liebe Leserinnen und Leser. Nehmen Sie gerne mit mir Kontakt auf.

training@michael-jagersbacher.at

Anhang

Quellen- und Literaturvserzeichnis

Bonelli, Raphael M.: Perfektionismus: Wenn das Soll zum Muss wird. Pattloch Verlag, 2014.

Branson, Richard: Like a Virgin: Erfolgsgeheimnisse eines Multimilliardärs. Books4success, 2013.

Brehm, S. S., Weintraub, M.: „Physical barriers and psychological reactance: two-year-olds' responses to threats to freedom", in: Journal of Personality and Social Psychology 35 (1977); pp. 830–36.

De Bono, Edward: De Bonos neue Denkschule. Kreativer denken. Effektiver arbeiten. Mehr erreichen. MVG Verlag, 2013.

Etrillard, Stephane: Charisma. Einfach besser ankommen. Junfermann Verlag, 2012.

Ferriss, Timothy: Die 4-Stunden-Woche. Mehr Zeit, mehr Geld, mehr Leben. Ullstein Taschenbuch, 2011.

Guillebeau, Chris: Die Kunst, anders zu leben. Erschaffe deine eigenen Regeln und führe das Leben, das du dir wünschst. Mvg Verlag, 2011.

Horx, Matthias: Das Megatrend-Prinzip. Wie die Welt von morgen entsteht. Deutsche Verlagsanstalt, 2011.

Grzeskowitz, Ilja: Attitüde. Erfolg durch die richtige innere Haltung. Gabal Verlag, 2013.

Katzenberger, Daniela: Sei schlau, stell dich dumm. Bastei Lübbe Verlag, 2011.

Kerkeling, Hape: Ich bin dann mal weg: Meine Reise auf dem Jakobsweg. Piper Taschenbuch: 2009.

Millman, Dan: Peaceful Warrior – Der Pfad des friedvollen Kriegers. DVD, Horizon Film, 2009.

Roth, Gerhard: Lernen als Weg. Wie unser Gehirn Entscheidungen trifft. ZfU International Business School Zentrum für Unternehmungsführung AG. www.zfu.ch/service/fartikel/fartikel_03_jub.htm

Schandl, Gabriel: Das Beste geben. Wege zum Leistungsglück. Goldegg Verlag, 2014.

Scheub, Ute/Jensen, Annette: Glücksökonomie: Wer teilt, hat mehr vom Leben. Oekom Verlag, 2014.

Schmitt, Tom/Esser, Michael: Status-Spiele. Wie ich in jeder Situation die Oberhand behalte. Fischer Taschenbuch Verlag. Frankfurt am Main, 2012.

Taxis, Tim: Heiß auf Kaltaquise – So vervielfachen Sie Ihre Erfolgsquote am Telefon. Haufe-Lexware; Auflage: 2. (1. August 2013).

Wala, Hermann: Meine Marke. Was Unternehmen authentisch, unverwechselbar und langfristig erfolgreich macht. Redline Verlag, 2012.

Wiseman, Richard: Wie Sie in 60 Sekunden Ihr Leben verändern. Fischer Taschenbuch Verlag. Frankfurt am Main, 2010.

Worchel, S., Lee, J. Adewole, A.: „Effects on supply and demand on ratings of object value", in: Journal of Personality and Social Psychology 32 (1975), pp. 906–914.

www.derstandard.at/1334368981969/Hirnforscher-Schule-produziert-lustlose-Pflichterfueller

www.planet-wissen.de/alltag_gesundheit/psychologie/emotionen/

www.zeno.org/Meyers-1905/A/Sympath%C4%ABe

www.youtube.com/watch?v=lXicnEYDZsY

www.bluewin.ch/de/sport/fussball/teleclub-artikel/2014/06/selbstironie--gefaellig--donovan-macht-sich-selber-zum-weltmeist.html

www.youtube.com/watch?v=I51YlrpDobU

www.youtube.com/watch?v=7TEc_qyKQoc
www.youtube.com/watch?v=8ZwbgWxxQnU
www.ted.com/talks/ken_robinson_says_schools_kill_creativity
www.ksta.de/ratgeber/vorbild-hugh-grant-selbstironie-erhoeht-den-sex-appeal,15189524,12040694.html
www.youtube.com/watch?v=b1ozBKH4KKQ
www.youtube.com/watch?v=Iqwaho36FVU
www.welt.de/icon/article124622604/Warum-schoene-Frauen-oft-einsam-bleiben.html
www.gmx.at/themen/lifestyle/bildergalerien/bilder/02b6bhm-models-magischen-makeln
www.heise.de/tp/artikel/17/17912/1.html
www.ksta.de/politik/-ehemaliger-verteidigungsminister-guttenberg-will-sich-nicht,15187246,27615048.html
www.youtube.com/watch?v=XAXxnvLmtdc
www.youtube.com/watch?v=uh9LGytJOHk
www.faz.net/aktuell/wirtschaft/wirtschaftswissen/oekonomie-der-terror-der-knappheit-1513851.html
www.fondsprofessionell.at/news/markt-strategie/nid/warren-buffett-raet-privatanlegern-zur-kaufen-und-halten-strategie/gid/1014107/ref/4/
www.youtube.com/watch?v=itS9eyO9JLs
www.youtube.com/watch?v=8h6cgv8d74g
www.sueddeutsche.de/leben/studie-kindernamen-und-vorurteile-von-wegen-schall-und-rauch-1.44178
www.kalkus.at/das-spiel-mit-dem-status-uber-dominanz-und-unterwerfung/
www.sciencemag.org/content/322/5901/606.abstract?sid=71f303b0–00f6–445f-9aeb-45b21351dfb4
www.spiegel.de/wissenschaft/mensch/psychologie-warme-haende-sorgen-fuer-warmes-herz-a-586193.html
www.pikeplacefish.com
www.youtube.com/watch?v=1ko8yxu57NA

Alexander Goebel

Gute Gefühle
... machen Sinn

Alexander Goebel ist im Emotionsgeschäft. Er hat ein neues Buch geschrieben: ein Angebot an Menschen, die miteinander arbeiten, an Beziehungen, an die Wirtschaft und ihre Führungspersönlichkeiten, die emotionale Expertise von Kunst und Künstlern zu nutzen. Gemeinsame Werte machen Sinn.

Autobiografische Einblicke und gesellschaftliche Vision. Alexander Goebel erklärt, warum die Emotion für die künstlerische Botschaft auf der Bühne ebenso wichtig ist wie für Botschaften im Alltag und in Unternehmen, und wie alle voneinander profitieren können.

Alexander Goebel sieht die neuen Erkenntnisse der Neurowissenschaften als Beweis, dass Emotionen in ihrer wirtschaftlichen und gesellschaftlichen Dimension weder ignoriert noch tabuisiert werden dürfen, sondern gefördert und gepflegt werden müssen. Goebel fordert GUTE GEFÜHLE. Das macht Sinn.

Hardcover 304 Seiten
Format 13,5 x 21,5cm
ISBN: 978-3-902991-50-8

Preis: 19,^{95} **€**

Bestellen Sie unter +43 (0) 1 505 43 76-30 oder per Fax: +43 (0) 1 505 43 76-20 oder unter verlag@goldegg-verlag.com

Boris Nikolai Konrad
Gedächtnisweltmeister
Boris Konrad beweist, dass jeder seine Gedächtnisleistung deutlich verbessern kann!

SUPERHIRN | Gedächtnistraining mit einem Weltmeister

Wissen Sie noch, was Sie am 11. September 2001 gemacht haben? Während dieses Datum bei den meisten fest verankert ist, erinnert sich kaum jemand daran, was er ein Jahr später am gleichen Tag getan hat.

Doch ob es um Merkfähigkeit, rasches Kopfrechnen oder Schnelllesen geht: Wer sich viel rasch merken kann, ist klar im Vorteil!

Gedächtnisweltmeister Boris Nikolai Konrad präsentiert in seinem unterhaltsamen Buch die Welt der Gedächtnistechniken und zeigt verblüffende Ergebnisse einer außergewöhnlichen Merkfähigkeit. Nach seiner Überzeugung ist gutes Gedächtnis erlernbar und jedes Gehirn zu enormen Leistungen fähig.

Hardcover ca. 300 Seiten
Format 13,5x21,5cm
ISBN: 978-3-902903-54-9

Preis: 19,95 €

Bestellen Sie unter +43 (0) 1 505 43 76-30 oder per Fax: +43 (0) 1 505 43 76-20 oder unter verlag@goldegg-verlag.com

Frieder Beck

Sport macht schlau
Mit Hirnforschung zu geistiger und sportlicher Höchstleistung

Der Alltag überrollt uns mit seinen unzähligen gleichzeitigen Anforderungen. Wir haben Schwierigkeiten, uns auf die relevanten Dinge zu konzentrieren und Ideen im Geiste zu bearbeiten.

Laut Hirnforschung beruht die erfolgreiche Bewältigung belastender Situationen auf der Leistungsfähigkeit der „exekutiven Funktionen". Sie sind verantwortlich für unser geistiges Potenzial, unsere Schulnoten, unseren Erfolg im Beruf, unsere Gesundheit, unseren Wohlstand und unser Wohlbefinden.

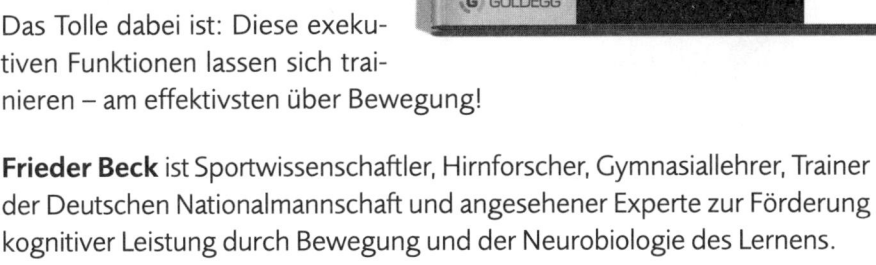

Das Tolle dabei ist: Diese exekutiven Funktionen lassen sich trainieren – am effektivsten über Bewegung!

Frieder Beck ist Sportwissenschaftler, Hirnforscher, Gymnasiallehrer, Trainer der Deutschen Nationalmannschaft und angesehener Experte zur Förderung kognitiver Leistung durch Bewegung und der Neurobiologie des Lernens.

Hardcover ca. 350 Seiten
Format 13,5x21,5cm
ISBN: 978-3-902991-18-8

Preis: 19,95 €

Bestellen Sie unter +43 (0) 1 505 43 76-30 oder per Fax: +43 (0) 1 505 43 76-20 oder unter verlag@goldegg-verlag.com

Silvia Dirnberger-Puchner

Werden wir wie unsere Eltern?

Die Kunst sein Leben zu verändern

Eltern sind die Menschen, die unser Leben am meisten prägen und beeinflussen: Wir passen uns an und übernehmen automatisch Verhaltensweisen, Gefühlsreaktionen und Einstellungen. Insgeheim stellen wir in der Mitte unseres Lebens fest, dass wir nicht nur das Positive mitgenommen haben, sondern auch jene Eigenschaften und Handlungsweisen der Eltern, die wir nie übernehmen wollten.

Sind wir dieser Entwicklung ausgeliefert oder können wir selbst tief sitzenden Prägungen entkommen und unser Leben aktiv verändern?

Mag. Dr. Silvia Dirnberger-Puchner forscht in ihrem Institut wissenschaftlich in den Bereichen Lebensqualität, Krisenbewältigung im Geschlechterunterschied sowie psychosoziale Gesundheit am Arbeitsplatz.

Hardcover 352 Seiten
Format 13,5x21,5cm
ISBN: 978-3-902903-14-1

Preis: 24,⁹⁰ €

Bestellen Sie unter +43 (0) 1 505 43 76-30 oder per Fax: +43 (0) 1 505 43 76-20 oder unter verlag@goldegg-verlag.com

Sonia Laszlo

FUCK HAPPINESS!

Von der Tyrannei des Glücks

Die Glücksindustrie boomt! Überall wird den Menschen suggeriert, dass sie jederzeit glücklich sein können und sogar müssen.

Dieses Buch stellt sich gegen den Trend des Glücks-Terrors und zeigt auf, dass auch Unglück zum Leben gehört und es erst lebenswert macht. Es führt zurück zum Wesentlichen des Lebens und bietet einen Weg durch das Überangebot im „Supermarkt der Glücksgefühle".

Die Autorin **Sonia Laszlo** vermittelt einen völlig neuen Zugang zum Glück und inspiriert dazu, die Welt mit anderen Augen zu sehen.

Hardcover 256 Seiten
Format 13,5x21,5cm
ISBN: 978-3-902729--88-0

Preis: 22,⁰⁰ €

Bestellen Sie unter +43 (0) 1 505 43 76-30 oder per Fax: +43 (0) 1 505 43 76-20 oder unter verlag@goldegg-verlag.com

Petra Polk

Like

So netzwerken Sie sich an die Spitze

Netzwerken können wir überall und zu jeder Zeit. Doch viele Likes und Visitenkarten zu sammeln, bedeutet noch kein funktionierendes Netzwerk!

Ob im persönlichen Kontakt oder online – es gibt Spielregeln, die zu beachten sind, um erfolgreiche und nachhaltige Beziehungen aufzubauen.

Die Netzwerk-Expertin **Petra Polk** offenbart, wie Netzwerken zu einer Lebensphilosophie wird. Die Leser erfahren, welches Netzwerk für sie ideal ist, wie Social Media richtig eingesetzt werden kann, gezielte Kontaktpflege betrieben und Events sinnvoll genutzt werden, und was für eigene Veranstaltungen notwendig ist.

Einsteiger erhalten außerdem Tipps, wie sie ihre Schüchternheit überwinden und sich im Small Talk üben können.

Hardcover, 192 Seiten
Format 13,5 x 21,5cm
ISBN: 978-3-902991-57-7

Preis: 19,95 €

Bestellen Sie unter +43 (0) 1 505 43 76-30 oder per Fax: +43 (0) 1 505 43 76-20 oder unter verlag@goldegg-verlag.com

Elmar Weixlbaumer

Billionaires Club

Warum Ungleichheit unvermeidbar ist und wie wir von der neuen Geldelite systematisch ausgeschlossen werden.

Durch unsere Gesellschaft zieht sich ein unübersehbarer tiefer Riss, der kontinuierlich wächst: Einer abgehobenen und superreichen Elite steht eine immer breitere Masse gegenüber, die sich trotz harter, lebenslanger Arbeit kaum mehr das Notwendigste leisten kann.

Dieses Buch liefert die schonungslose Wahrheit darüber, warum diese Entwicklung unausweichlich ist. Der Autor erklärt anhand mathematischer Prinzipien und fernab von illusorischer Sozialromantik, dass die Spaltung der Gesellschaft unabwendbar ist und warum das auch historisch immer so war.

Heute haben wir noch Gelegenheit zu handeln, um diesen Abstand zur Elite zu verringern. Denn wer in der Gegenwart nicht gezielte Maßnahmen für sich und seine Kinder setzt, um in der Zukunft dabei zu sein, der hat bereits verloren.

Hardcover 500 Seiten
Format 13,5x21,5cm
ISBN: 978-3-902991-20-1

Preis: 22,00 €

Bestellen Sie unter +43 (0) 1 505 43 76-30 oder per Fax: +43 (0) 1 505 43 76-20 oder unter verlag@goldegg-verlag.com

Norman Bücher

Abenteuer Motivation
Lernen Sie vom Extremen für Ihren Alltag!

166 Kilometer und 9.400 Höhenmeter Nonstop überwindet Norman Bücher bei einem der anspruchsvollsten Extremläufe der Welt um den Mont-Blanc.

In 14 Tagen durchquert er die Atacama Wüste in Chile zu Fuß und legt dabei 600 Kilometer und 6.000 Höhenmeter zurück.

Im Oktober 2010 nimmt Norman Bücher am 222 Kilometer langen Etappenrennen durch den brasilianischen Dschungel teil – dem gefährlichsten Abenteuerlauf der Welt.

Allein mit körperlicher Fitness sind diese extremen Herausforderungen nicht zu schaffen. Nur die Macht des Willens macht diese enorme Leistung möglich.

Um seine gewaltigen sportlichen Herausforderungen mental meistern zu können, greift Norman Bücher auf einen Rucksack voller bewährter Methoden und mentaler Techniken zurück. Mit diesen schafft er es, seine eigene Motivation auch unter den extremsten Bedingungen seiner Abenteuer aufrechtzuerhalten und Hindernisse immer wieder zu überwinden.

Taschenbuch, 208 Seiten
Format 12 x 19cm
ISBN: 978-3-902991-15-7

Preis: 12,⁹⁵ €

Bestellen Sie unter +43 (0) 1 505 43 76-30 oder per Fax: +43 (0) 1 505 43 76-20 oder unter verlag@goldegg-verlag.com

Peter Riese

Einmal sterben und zurück
Die wahre Geschichte eines medizinischen Wunders

Nach einem Herzstillstand war Peter Riese tot. Eine der Hauptarterien seines Herzens ist bis heute auf einer Länge von fünf Zentimetern vollständig verschlossen. Doch sein Körper brachte das Wunder zustande, sich selbst neue Adern wachsen zu lassen, die ihm das Leben gerettet haben. Nach 20 Minuten ohne Leben erwachte Peter Riese neu.

Voller Selbstironie erzählt der Autor von seinem psychischen und physischen Überleben nach einem langen Blick ins Jenseits. Er berichtet von seinem Leben vor und nach dem Herzinfarkt, von seltsamen Behandlungen und von Erlebnissen mit einem „dunklen Begleiter", der nun an seiner Seite ist.

Seine Erfahrungen machen anderen Menschen Mut, sich dem Leben zu stellen und trotz Krankheit neue Ziele ins Auge zu fassen. Peter Riese selbst bereitet sich derzeit auf seinen ersten Marathonlauf vor ...

Hardcover 252 Seiten
Format 23x23cm
ISBN: 978-3-902991-06-5

Preis: 19,^{95} **€**

Bestellen Sie unter +43 (0) 1 505 43 76-30 oder per Fax: +43 (0) 1 505 43 76-20 oder unter verlag@goldegg-verlag.com

Jörg Romstötter

Das vergessene Wunder
Wie wir aus der Natur Kraft, Erfolg und Inspiration schöpfen

Natur, das vergessene Wunder – in ihr liegt alles, was wir brauchen!

Oft fühlen wir uns schlapp, ausgelaugt und energielos – der stressige Alltag raubt uns alle Kraft. Viele Menschen leiden unter psychischen Erkrankungen. Wir suchen verzweifelt nach Ablenkung, Erholung und Entspannung, aber häufig an den falschen Orten.

Dabei ist es so einfach: Alles, was wir brauchen, liegt direkt vor uns: die Natur. Der Autor hat sein Leben seiner großen Leidenschaft, der Natur, gewidmet und nimmt die Leser mit auf eine uralte und gleichzeitig sehr zeitgemäße Reise. Er zeigt, welche verborgenen Kreativitäts-Booster in der Natur auf uns warten, warum sie ein Spiegel unserer selbst ist und wie wir Freiheit, Lebensfreude und Inspiration in ihr finden. Ergründen wir das Wunder Natur, damit wir uns wieder selbst spüren, unser Bewusstsein erweitern und intensiv leben!

Hardcover, ca 248 Seiten
Format 13,5 x 21,5cm
ISBN: 978-3-902991-61-4

Preis: 19,95 €

Bestellen Sie unter +43 (0) 1 505 43 76-30 oder per Fax: +43 (0) 1 505 43 76-20 oder unter verlag@goldegg-verlag.com

Beatris Uhlig

Tickst du richtig?
Leitfaden für Pünktliche und Zuspätkommer

Zeitmanagement funktioniert nicht für alle Menschen gleich, denn es gibt zwei ganz unterschiedliche Typen von Menschen: polychrone und monochrone.

Sätze wie „Du kommst ja schon wieder zu spät" oder „Muss das hier so aussehen?"– bergen Zündstoff für viele Konfliktsituationen, ob im Berufs- oder Privatleben.

Die Eröffnung, dass es unterschiedliche Zeit- und Strukturtypen gibt, die auf den ersten Blick miteinander nicht kompatibel sind, bescherte bereits vielen Menschen ein Aha-Erlebnis der besonderen Art. Mit dem Selbsttest im Buch wird klar, warum monochrone und polychrone Menschen von Grund auf verschieden gestrickt sind und klassisches Zeitmanagement nicht für beide Gruppen gleich anwendbar ist.

Beatris Uhlig bietet typgerechte Lösungen und geht das Thema Zeit auf völlig neue Weise an. Mit viel Charme und Humor erzählt sie Geschichten mitten aus dem Lebens- und Arbeitsalltag und wirft einen selbstironischen Blick auf das Ringen um Zeit und mit der Zeit.

Taschenbuch, 192 Seiten
Format 12 x 19cm
ISBN: 978-3-902991-16-4

Preis: 12,^{95} €

Bestellen Sie unter +43 (0) 1 505 43 76-30 oder per Fax: +43 (0) 1 505 43 76-20 oder unter verlag@goldegg-verlag.com

Gaby S. Graupner

Schattensprünge
13 Anstöße, um über sich hinauszuwachsen

Der persönliche Erfolg ist abhängig von überzeugendem Auftreten, klarer Sprache und offenem Umgang mit sich selbst. Alles, was dazu nötig ist, tragen Sie bereits in sich. Sie müssen es nur wagen, über Ihren Schatten zu springen.

In diesem Buch finden Sie 13 konkrete Anstöße, die dabei helfen, alle Herausforderungen des Lebens erfolgreich zu meistern. Sie erfahren unter anderem: wieso Ihr Glück von der Sprache abhängt, was es mit dem Klick-Surr-Effekt auf sich hat, welche Kleinigkeiten den Unterschied ausmachen, wie Sie bekommen, was Sie wollen, wie Sie es schaffen, dass andere Sie als Autorität wahrnehmen und wie Sie mit Stolperfallen richtig umgehen.

Das Leben wartet auf Sie! Springen Sie über Ihren Schatten!

Hardcover, 256 Seiten
Format 13,5 x 21,5cm
ISBN: 978-3-902991-00-3

Preis: 19,95 €

Bestellen Sie unter +43 (0) 1 505 43 76-30 oder per Fax: +43 (0) 1 505 43 76-20 oder unter verlag@goldegg-verlag.com